你好，互联网

刘思瑾 编著

北方文艺出版社

2022年·哈尔滨

图书在版编目（CIP）数据

你好，互联网 / 刘思瑾编著 . -- 哈尔滨：北方文艺出版社，2022.1
ISBN 978-7-5317-5348-3

Ⅰ . ①你… Ⅱ . ①刘… Ⅲ . ①儿童教育 – 网络安全 Ⅳ . ① G611

中国版本图书馆CIP数据核字 (2021) 第 206445 号

你好，互联网
NIHAO HULIANWANG

作　者 / 刘思瑾	
责任编辑 / 滕　蕾	封面设计 / 深圳·弘艺文化
出版发行 / 北方文艺出版社	邮　编 / 150008
发行电话 / (0451) 86825533	经　销 / 新华书店
地　址 / 哈尔滨市南岗区宣庆小区 1 号楼	网　址 / www.bfwy.com
印　刷 / 哈尔滨午阳印刷有限公司	开　本 / 880mm×1230mm　1/32
字　数 / 101 千	印　张 / 5.25
版　次 / 2022 年 1 月第 1 版	印　次 / 2022 年 1 月第 1 次印刷
书　号 / 978-7-5317-5348-3	定　价 / 42.00 元

前言

随着人类社会进入了互联网时代，网络犹如超快列车，带着人们奔向一个无限广阔的世界。网络的作用不容忽视，它正在影响人们的工作和生活，潜移默化地改变着人们的许多行为和观念。在现代孩子的成长过程中，网络也成了一道绕不过的槛儿，让父母一想到它就头痛。实际上，父母不应谈"网"色变，而要变堵为疏、正向引导，让网络助力孩子健康成长。在这个知识快速更新的时代，孩子渴求知识、寻求刺激、渴望挑战的心理逐渐占据上风，课堂教育、父母的解答已经不能满足孩子的求知欲。因此，从网络上学习知识成为常态。网络上的很多信息其实是有助于孩子学习和健康发展的，正确利用网络可以帮助孩子拓展知识面、打开思路、提高学习成绩。父母应该正确引导孩子充分利用网络进行学习，培养孩子上网查资料、运用新知识的能力；引导孩子充分利用网络信息、存取的方便性以及共享性、即时性进行学习和知识补充，让孩子感到网络是人们学习新知识、交流、沟通的有益工具，是生活中的良师益友。只要父母正确引导，网络就能成为孩子学习上的好助手。

不过，尽管网络给人们带来的好处不胜枚举，可它也是一把双刃剑，曾造就了大批网络成瘾者，他们因此荒废了学业，贻误了青春，或者走上了犯罪的道路，甚至葬送了自己的性命。当父母和学校给予孩子的压力过大，孩子可能会选择沉迷网络；当孩子在现实生活中不快乐或没有朋友，他们可能会选择从网络上寻找；如果父母的感情不和或孩子与父母感情生疏，他们也可能选择逃避家庭，进驻网络……孩子的网络问题总与他们的成长环境密切相关。找到孩子网络问题的根源，才能趋利避害，让网络在孩子的生活中发挥正面作用。

目录

第一章 网络竟有如此有吸引力

"互联网+"时代的"地球村" / 002

超 8 亿中国人都在使用网络 / 003

"触摸"中长大的"00 后""10 后" / 005

儿童触网低龄化,上网能力成长迅速 / 007

几乎每个孩子都会玩智能手机 / 009

网络娱乐偏好明显,尤其是网络游戏 / 010

第二章 该反对孩子接触网络吗

作为父母,你真的了解网络吗 / 014

依赖与沉迷,父母的担忧不无道理 / 019

近视、肥胖等健康隐患悄然侵袭 / 022

学业荒废、人际关系淡漠，时间都去哪儿了 / 027

沾染不良习性——无力承受的网络之殇 / 028

另类社交，为孩子建立一个世界交流网 / 029

线下世界，让孩子能更勇敢地表达自己 / 032

新技术与新思想有利于培养孩子的创造性思维 / 035

第三章 儿童网络问题为何越来越多

儿童群体的特殊性不容忽视 / 040

不安定的网络环境是催化剂 / 042

不和谐的家庭环境更易滋生网络问题 / 044

在儿童早期，父母总把手机当"安静剂" / 046

过度保护与控制催生网络"巨婴" / 049

过度溺爱与过高期望让孩子学会了逃避 / 050

"数字代沟"隐忧凸显 / 052

第四章 正确看待互联网

重视家庭网络素养教育 / 056

绝对禁止和放任自流都不可取 / 061

正面鼓励往往比批评、控制更有效 / 062

让孩子认识到网络媒介的工具性 / 063

了解孩子的数字轨迹 / 066

和孩子一起学习使用互联网 / 067

制定规则,教孩子学会自我管理 / 070

控制并合理规划孩子的屏幕时间 / 071

融入孩子的网络生活,和孩子一起分享 / 078

培养孩子的网络安全意识 / 079

告诉孩子网上行为同样需承担法律后果 / 082

第五章 让网络的力量正面影响孩子

陪伴成长，做网络时代的榜样父母 / 086

给孩子准备一台电脑，与孩子一起上网 / 090

手机不是入侵者，正确使用很重要 / 091

聪明又厉害的人工智能"小助手" / 094

奇妙的虚拟现实世界，激发孩子好奇心与探索欲 / 095

信息检索：提升孩子获取和利用网络信息的能力 / 097

在线学习，或更能激起孩子的学习兴趣 / 100

网上视听，既能娱乐也能学习 / 102

适度游戏，缓解学业压力 / 103

合适的"朋友圈"可以提升孩子的学习和生活质量 / 106

在线相处有道，教孩子理性面对网络社交 / 108

鼓励孩子参加各种各样的网络比赛 / 110

新媒体时期仍要重视培养孩子的阅读习惯 / 112

第六章 正向化解孩子网络教养难题

不给手机就捣乱 / 122

家有小小"电脑迷" / 127

学习遇到难题就上网找答案 / 129

网络小说的魔力所在 / 130

网络直播中的"打赏"乱象 / 131

疯狂的"网红"梦 / 133

网游中的"暴力美学" / 135

手机小游戏，让低龄儿童无法自拔 / 139

造成孩子"沉迷手机网络游戏"现状的原因 / 142

网络游戏能解压？不同性别玩网络游戏的感受也有差异 / 144

屡禁不止的网络色情 / 147

让孩子无法拒绝的儿童食品广告 / 149

孩子不懂得保护个人隐私 / 151

网络欺凌与线上教唆 / 153

孩子容易被网上虚假信息诱骗 / 156

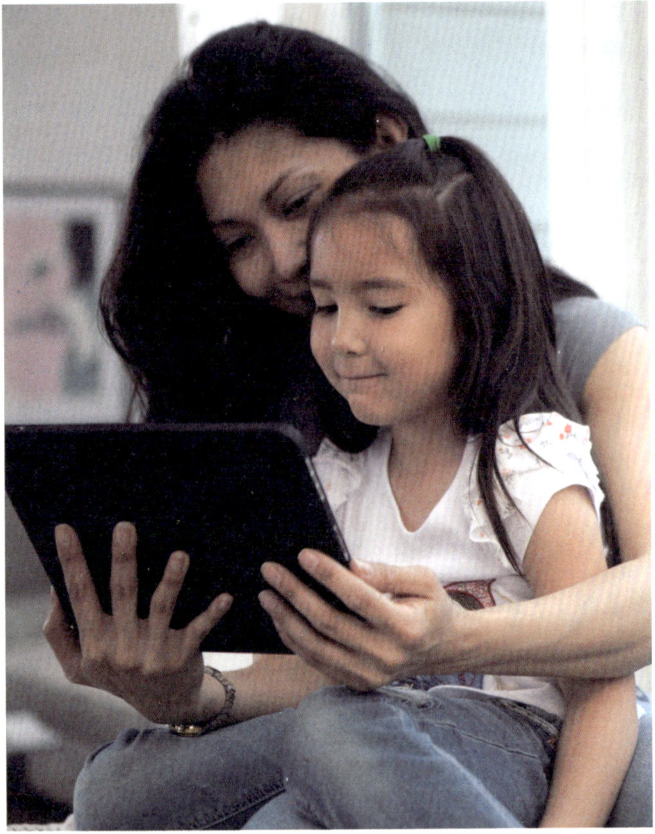

第一章

网络竟有如此有吸引力

当前,互联网技术和应用已经全面渗入人们的日常生活。在这个日新月异的网络世界,不仅让成人痴迷流连其中,而且孩子的学习、娱乐也日渐离不开它。越来越多的孩子能熟练使用网络,很多孩子都拥有一部智能手机,网络几乎成为有些孩子的"固定玩伴""电子保姆"。

"互联网+"时代的"地球村"

1967年,加拿大传播学家麦克卢汉在他的《理解媒介:论人的延伸》一书中首次提出了"地球村"的概念,其指的就是电子媒介影响下的世界。在麦克卢汉看来,"地球村"的主要含义不是指发达的传媒使地球变小了,而是指人们的交往方式以及人的社会和文化形态发生了重大变化。

进入21世纪,当移动互联网开始普及,当家家户户都能拥有至少一台电脑,当人人都能手持一部智能手机,"互联网+"时代来了,它以一种凌厉的、不可思议的速度侵入人们的生活,给人们带来一种全新的体验——我们的生活、学习、娱乐以及接触世界的方式都在悄然改变。人们与外界乃至整个世界的联系更为紧密,人与人之间的时空距离骤然缩短,整个世界仿佛紧缩成一个小小的"地球村",只要有一部电脑或手机,即便相隔万里也能"鸡犬之声相闻"。

互联网的时代特性决定了它广泛的影响力,伴随着网络成长的少年儿童难免不受其影响。在这个自由、开放、共享的"地球村"中,他们享受着美味"蛋糕"的同时,也接受着挑战。虚拟与现实的交融共存,共同构成"互联网+"时代的少年儿童的基本生存环境。

超 8 亿中国人都在使用网络

2019年8月，中国互联网络信息中心（CNNIC）发布了第44次《中国互联网络发展状况统计报告》。报告显示，截至2019年6月，我国的网民规模达8.54亿，手机网民规模达8.47亿，10岁～39岁网民群体占网民整体的65.1%，其中10岁～19岁群体占16.9%，10岁以下占4.0%。

网民使用手机上网的比例达99.1%，使用电视上网的比例达33.1%，使用台式电脑、笔记本电脑、平板电脑上网的比例分别为46.2%、36.1%、28.3%；网络视频用户规模达7.59亿，占网民整体的88.8%，其中短视频用户规模为6.48亿，占网民整体的75.8%；网络游戏用户规模达4.94亿，占网民整体的57.8%；网

络直播（包括体育直播、真人秀直播、游戏直播和演唱会直播）用户规模达4.33亿，占网民整体的50.7%。

2019年上半年，我国网民人均每周上网时长为27.9小时，较2018年底增加0.3小时。手机网民经常使用的各类APP（APPLICATION，移动互联网应用）中，即时通信类APP的使用时间最长，其次是网络视频（包含短视频）、网络音乐、网络文学和网络音频类应用。15岁～19岁网民群体人均手机APP数量最多，达66个；19岁以上网民群体人均手机APP数量随年龄增长而逐步减少。

网络的超高普及率、移动互联网的快速发展、庞大的中低龄网民群体……互联网已经成为人们生活中不可或缺的一部分。

"触摸"中长大的"00后""10后"

他们的手指在屏幕上熟练地滑动，头垂得低低的；放学后或是周末，他们常常会用电脑或手机玩游戏；他们能熟练使用 QQ 或微信，拥有一群陌生的好朋友；他们喜欢在网上分享自己的生活，有些甚至有着自己的粉丝群；他们在生活和学习上遇到难题时可能会向老师或父母询问，更可能会上网查询……

他们就是在互联网的影响下成长的新生一代。他们身上有着时代的烙印，是从小就会用智能手机的"屏一代"，是懂得上网看世界的"搜一代"，是离不开社交媒体的"微一代"，是爱玩网游的"游一代"，是喜欢分享的"秀一代"。他们大部分年龄都很小，是我们常常挂在嘴边的"00后""10后"。

"00后""10后"生长于数字化时代，他们从小便接触电脑、网络，他们的生活更富裕，成长在相对和平的环境，受到多种文化的浸润。他们出生时就有了移动互联网，记事起就有智能手机，从小就有儿童手表这样的科技产品，更重要的是，他们生于移动时代，成长于移动时代。对着万物互联时代的到来，智能家居、智能电视、可穿戴设备、车联网等智能硬件都在普及。孩子在家里接触的不再是传统电视，而是智能电视；与父母联系的方式多种多样，习惯了视频通话等新一代沟通方式，在学校接触的是平板电脑这样的智能硬件来辅助学习；在大街上看到的是VR（虚拟现实）游戏机、共享单车、扫一扫移动支付。可以说，"00后""10后"是成长于万物互联时代的一代。

儿童触网低龄化，上网能力成长迅速

中国青少年宫协会儿童媒介素养教育研究中心曾于2018年发布《2016-2017中国儿童网络素养状况系列研究报告》（以下简称《报告》），《报告》显示，中国儿童数字化技能成长迅速，甚至与父母之间形成了所谓的"数字代沟"。该《报告》是目前为止国内同类研究中样本量最大的，其通过对11万份网上调查问卷的分析，揭示了3岁~14岁中国儿童数字化成长的轨迹，并取得了一些比较重要的发现，包括：儿童触网低龄化趋势明显，小小"原住民"网络化成长迅速，很大一部分14岁儿童的上网能力便反超父母——这些迹象显示，对于儿童而言，我国已进入网络安全问题的高危期。

《报告》显示，平均有超过29.1%的学龄前儿童（3岁~6岁）每天使用网络的时间在30分钟以上，此后随着年龄的增长，网络使用时间逐渐增加，到了14岁，已有60.8%的儿童网络使用时间超过30分钟。在8种网络关键行为上，14岁儿童在与其父母的对比中，儿童全面超越父母。

孩子的数字化技能超过父母，加上父母与孩子在数字媒介方面的态度不同和观念差异，导致"数字代沟"现象凸显，即随着数字技术的普及，父母和孩子围绕数字技术使用产生能力差异，从而在认识态度、价值观念、兴趣爱好等方面产生了越来越深的心理隔阂，甚至对抗行为。

数字代沟恶化了亲子关系，既不利于儿童充分利用数字机遇获得更大的发展，又加剧了儿童的在线风险，使之受到更多伤害。比如，目前儿童的网络安全意识普遍不高，升入初中后，儿童的探索意识和自主意识增加，但网络安全举措反倒下降了；自控力弱、易上网成瘾等问题等问题困扰着儿童；网络时代的亲子关系状况不佳，儿童的网络行为缺乏必要的关注支持。

因此，父母应该及时了解孩子的上网行为状况，清楚自己孩子的"数字轨迹"，及时引导教育；同时要及早培养孩子的网络安全意识，使其了解相关知识和法规，并且培养孩子的自控力、辨别力，通过约定的方式和孩子制定上网行为的规则，让孩子养成健康文明的上网习惯。

此外，还要根据孩子成长的不同阶段，调整父母的教育方式：对低年龄（10岁以下）的孩子及早建立习惯和规则，对高年龄段的孩子要主动沟通、交流；引导孩子在网络世界趋利避害；父母也要加强自身的学习，跟上科技发展的步伐，不被孩子反超。

几乎每个孩子都会玩智能手机

父母为了省事,往往在照看孩子时,扔个手机给孩子就完事了——欢乐的声音,华丽的屏幕,有趣的触屏、动画片和游戏一下子就把孩子吸引住了,孩子能玩很久,父母有更多的时间去做自己的事情。但是随着孩子越来越频繁地使用智能手机,父母开始担心起来。最新的一组研究数据说明了问题,对1000名1岁~5岁孩子父母的调查结果显示,孩子的智能手机使用率为80.4%;3岁就开始玩手机的达到32.5%;给孩子看智能手机的主要原因是"让孩子老实一会儿"的最多,占52.9%。

网络娱乐偏好明显，尤其是网络游戏

有报告调查显示，娱乐是儿童使用网络的主要目的。除了娱乐，低龄儿童也开始尝试网上社交、发布信息、网络消费。8.5%的7岁儿童进行过网购；16.7%的7岁儿童在网上发布过图片、视频或文字；甚至有4.1%的7岁儿童表示开始拥有自己的粉丝。到了14岁，儿童每天上网时间超过30分钟的达到60.8%，玩网络游戏的达到60%，有网购行为的达到57.5%，主动加网友的达到68.9%，在网上发布内容的达到69.7%。社交媒体的使用率很高，QQ达到84.7%，微信达到59.9%；拥有粉丝的达到33.3%；网上追星，和偶像、明星网上交流的达到26.0%；在生活或学习上遇到问题时，上网搜答案的占比达19.4%，找父母的为15.9%，找老师的为13.2%。

在上述种种网络行为中，最让父母头痛的应该就是孩子玩网络游戏吧。在孩子已经对网络游戏着迷的情况下，父母应该如何应对呢？

如果家里的孩子很沉迷网络游戏，每天不玩就觉得不开心，父母就算再上火，再想痛斥这个"熊孩子"一顿，也要忍住。父母应该懂得好好引导孩子正确对待游戏，这样才能让事情往好的方向发展。

不得不承认，其实爱玩是人的一种天性——不管是成人还是孩子。现在的游戏非常多，孩子喜欢玩也是很正常的现象。父母没必要完全杜绝孩子玩游戏，但要让孩子养成良好的习惯，按照规矩来玩。

游戏有健康和不健康之分，在孩子爱玩的年龄阶段，父母应该懂得为孩子辨别哪些游戏是可以玩的，哪些游戏是不能参与的。只有正确引导孩子去玩一些健康的游戏，才不会给孩子带来不良影响。同时要跟孩子明确规定好，每天玩游戏的时间大概是多少，而不是让孩子自己决定。父母可以让孩子玩游戏，必须让其在一定的规矩内玩，这样才能够在彼此之间形成一种良性互动。

如果父母也是爱玩游戏的人，那么不妨跟着孩子一起玩，这样亲子互动多了，话题也能增多，还能很好地拉近彼此之间的关系。父母可以先跟孩子约定好，必须是在很好地完成了家庭作业以及学习计划后才可以玩，或者帮父母做了一些家务后才可以玩，而且玩游戏不能超过太长时间——一旦约定好了，孩子也能遵守约定，那就没必要过多忧虑了。

可有的时候父母也要看到，虽然孩子答应了父母的要求，但他们毕竟还是孩子，自制力不强，所以父母还应该对其进行监督，毕竟孩子不可能每一次都那么乖地遵守和父母的约定。

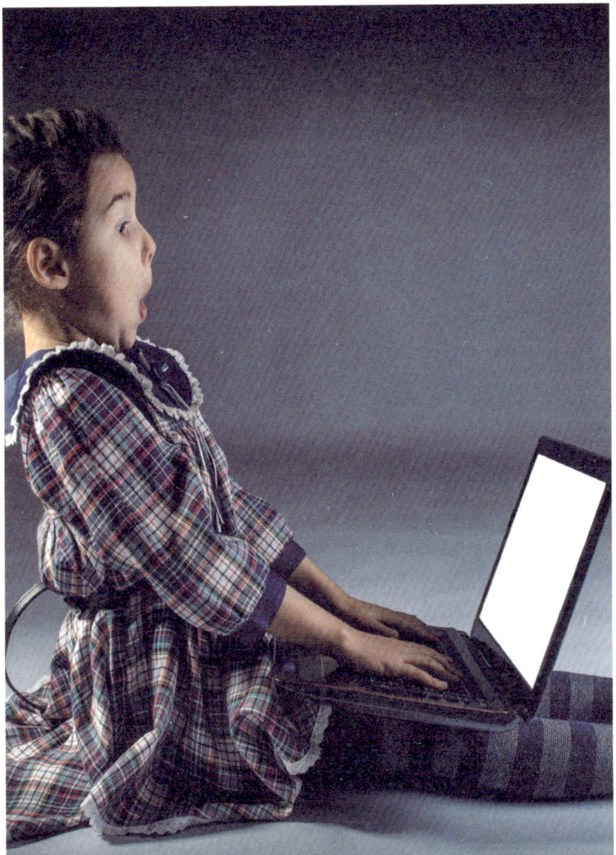

第二章
该反对孩子接触网络吗

　　家有"互联网+"儿童,父母也多了许多忧虑。很多父母视网络为洪水猛兽,感到害怕和担忧。其实不必如此。所有新科技的产生都会带来新的行为方式,有正面的,也有负面的。一方面,手机、平板电脑等新媒体设备伴随着新一代儿童成长;另一方面,新媒体强大的教育功能与人际沟通功能,也使其成为孩子学习和交流的利器。所以,对于孩子来说,互联网不一定是"有害菌",别让孩子一味躲在"无菌舱"。

作为父母，你真的了解网络吗

很多父母盲目排斥网络，还有些父母则在无法制止孩子沉迷网络时，就干脆采取纵容的方式。父母对网络的这种非理性态度，在很大程度上增强了孩子的好奇心理与逆反心理。青少年上网成瘾很大一部分与网络游戏有关，特别是男孩子，他们上网的主要活动就是玩网络游戏。但是，完全把网瘾责任推给网络游戏是不公平的。网络游戏不过是一种科技产品，因为青少年上网成瘾就关闭网吧、取消网络游戏是一种因噎废食的做法。父母可以回忆一下过去，自己在青少年时期有没有痴迷过某种形式的游戏或活动？如果有，则对待网络游戏的心态自然就会平和许多。

网络是一个多功能的工具，无论你喜欢与否，它都会很自然地深入到我们生活中。从孩子现在对网络的使用情况来看，他们有的玩游戏，有的聊天交友，有的搜索、下载各种资讯，这些情况反映的是孩子内心对网络世界的需求。网络是个虚拟的世界，这个世界如同现实世界一样，有好有坏，有善有恶。父母根本无法做到让孩子活在真空里，还不如坦然地接纳这个虚拟的世界。

网络本无错，迷恋方为过。有些父母在发现孩子出现网瘾以后，往往把网络视为洪水猛兽，深恶痛绝，不共戴天，要求孩子绝对不能再去碰网络，这实际是偏激的，也是不现实的。因此，父母要做的不是堵，而是疏导的工作，也就是引导孩子正确地认识网络的功能和弊端，做到善用网络。

父母要正确看待网络

如果父母对网络一窍不通，怎能引导孩子健康上网呢？父母想把网络对孩子的副作用降到最低，首先要做的就是了解网络，正确看待网络。

首先，父母只有在自己亲自使用电脑和互联网后才能真正知道电脑和互联网能做什么，才能真正理解计算机文化，才能对孩子使用电脑、上网等行为发表意见，承担起教育孩子的责任。在电脑和网络的使用上，父母要给孩子做出榜样，应该利用电脑和网络做有益的工作。首先，父母不能沉迷在网络中不能自拔，应该分清网络和现实的区别；还应该具备良好的信息分辨能力，网络毕竟是虚拟世界，充斥着大量的不真实信息，不能什么网络信息都相信。

其次，如果父母能够成功地使用新技术改善自己的生活，则有利于消除代沟，与孩子产生共同语言。这既有利于孩子的成长，也有利于父母自身掌握现代化知识。

最后，跟上自己的孩子，可以大大地扩展父母的生活。父母将成为现代生活的积极参与者，而不是一个旁观者。

有条件的父母应该要熟悉电脑的基本操作，能够上网浏览，会使用常用的电脑软件，熟悉网络的上传和下载，能够收发电子邮件，会使用论坛，熟悉各种实时沟通软件，如常见的QQ、微信等；了解一些网络语言，以免在孩子与网友交流时看都看不明白。此外，还要了解一些电脑游戏和网络游戏的知识，这样才能更好地指导孩子使用电脑和网络。

帮助孩子正确看待网络

未知世界与新技术必然存在风险，但它带来的益处也是显而易见的，所以请客观看待互联网，别把它"妖魔化"。不过，孩子还没有形成完善的人生观和价值观，分辨是非、善恶、美丑的能力还不强，所以在对待网络这个问题上，需要父母的指导和帮助。

父母要让孩子知道电脑和网络带来的好处。电脑和网络对我们的学习、工作、生活都产生了巨大的影响，拓展了我们的学习、工作、生活空间，打破了传统的时空界限，网络上的资源共享让我们拥有了更加广阔的天地……电脑和网络给我们带来的好处不胜枚举。但是，我们也应该看到，电脑和网络也带来了很多麻烦——互联网上的信息良莠不齐，一些信息并不利于孩子的健康发展，尤其是那些情节有趣、新鲜刺激、画面漂亮、声音优美、能够互动的网络游戏更是容易使孩子整日沉溺其中，不能自拔。孩子如果着迷上瘾，就会变成网络的奴隶，荒废学业。而且由于玩游戏时全神贯注，身体始终处于同一种姿势，眼睛长时间注视显示屏，会导致视力下降，眼睛疼痛、怕光，脖子酸痛，头晕眼花等症状，对身体健康造成极大的伤害。最新科学研究还发现，长期沉迷于电脑游戏，不仅会抑制儿童左前脑的正常发育，而且特别影响儿童的早、中期智力开发。

所以，父母要让孩子知道电脑和网络带来的影响，让孩子健康地成长。

做好数字时代的父母

作为数字时代的父母，最好的做法就是多陪伴孩子，给他提供必要的学习条件，学会聆听孩子的声音。只要方法应用得当，数字和互联网可以在一定程度上弥补或者缩小父母和孩子之间的代沟。互联网作为一种平台技术，作为一种在现代社会几乎无处不在的技术，它本身给社会带来了民主化、平等化的效果，无论是社会不同阶层之间，还是不同的代与代之间，它的存在使得社会逐渐"去中心化"，变得更平等、更民主。或许在孩子眼中，父母的管控属于"法西斯"；而在父母眼中，孩子的反抗等同于"大逆不道"。如何解决这个矛盾？或许答案正如一些父母所畅想的那样，"数字时代下的技术应当是填补代沟的基石，而父母理应去顺应时代，学会用孩子的方式去相处"。

今天，网络已经使社会发生了翻天覆地的变化，网络已经成为一种文化现象，我们在生活中的方方面面都可以感受到。在每一个家庭，在每一次跟孩子的交互中，我们都能真真切切感受到它的存在。在数字时代，两代人除了观念、意识形态有所不同，技能基础也有着巨大的差异。在数字化技能方面，孩子都扎扎实实地走在了成人的前面。

面对如此的鸿沟，"不合格"的父母们分成了几种群体，最为常见的一种是控制型，或者是"数字监控"型，如限制孩子们使用电子产品；另一种是疏忽放纵型，如"电子保姆"型，用手机看孩子。

跨越数字代沟，是今天的父母和孩子要面临的很重要的问题。父母虽然跟孩子朝夕相处，但由于平时大家都是各忙各的，父母很少静下心来听听孩子的想法，甚至在家里的时候，也是各自玩手机。这种状态下，虽然父母跟孩子朝夕相处，但孩子其实是"留守儿童"，只不过是网络时代的"留守儿童"而已。因此，父母有时间要多和孩子沟通、交流，一起面对数字技术对孩子和父母的挑战，勇敢地跨越代沟。

依赖与沉迷,父母的担忧不无道理

长期沉迷于网络会给孩子造成身体和心理的障碍,这也是父母最为担心的事。

身体障碍

长时间上网,睡眠节律紊乱,导致大脑神经中枢持续处于高度兴奋状态,从而引起体内一系列复杂的生物化学变化,导致自主神经功能紊乱、内分泌失调、免疫功能降低。长时间敲击键盘可引起腕关节综合征;长时间注视电脑屏幕可导致视力下降、怕光、暗适应能力降低;长时间僵坐在电脑前可导致腰背肌肉劳损、脊椎疼痛变形等。

心理障碍

对网络的依赖性表现在对网络操作出现时间失控的情况,陷于其中不能自拔,一旦停止上网便会产生强烈的渴望与冲动;注意力不能集中和维持,感知觉能力降低,记忆力减退,逻辑思维活动迟钝;情绪低落、消极悲观,缺乏对生活的兴趣和动机,自尊和自信有所丧失;回到现实生活中的痛苦情绪和自我否定的消极体验,促使其再次回到网络中,以逃避现实,不愿负担其应有的社会责任与义务;更有甚者为达到上网的目的,骗取钱财、违法乱纪,造成个人品行方面的问题,甚至人格的丧失。

当下，越来越多的人对网络搜索形成了依赖：出门前搜索最优路线，生病了上网搜索用药方法，遇到不会的问题立刻检索信息……虽然借助网络搜索可以很快寻找到答案，但这也可能让人变得不爱思考。

数字技术正在影响全世界数以亿计的儿童的方方面面，其实也影响着每一个人。现在青少年的网络素养需要被重视，但更应该引起注意的是人们在网上的行为越来越多，会逐渐形成自己的虚拟人格，这些会给孩子带来很大的困惑。因此，把握好玩的尺度是非常重要的。父母在平时教育孩子的时候，除了在网络上和生活上对他们进行管理之外，还得给他们一块"自留地"，让他们更好地"进化"。数字化的训练和生活不仅给了孩子一个数字的身份，而且还让他有了全新的维度去认知自己。今天的孩子已经习惯了有网络相伴的生活，数字化训练可以培养他的逻辑性和计划性。

孩子掌握数字世界的能力是呈几何级增长的，很快就可以接触到很多父母不知道的东西，所以有的父母会觉得必须严管，但还有些父母觉得没必要管，可能他们并不了解网络上的风险和隐患。

网络上的风险与隐患，很大程度上来自其内容的危险性：涉黄、涉暴、欺诈、恐怖……海量信息纷繁芜杂，孩子一不小心就踏进了陷阱，或扭曲其人生观，"长歪了"，或沉迷于网络游戏而荒废学业。

以网瘾少年为例。据媒体报道，不少游戏成瘾的孩子，他们基本上都已休学，不与人交往，精神恍惚，甚至出现幻觉，丧失了基本的生活能力。近年来，上海交通大学每年至少有100名学生退学，其中大部分是男生，大部分与游戏成瘾有关。尽管可以从网络上学习到一些新鲜的知识和技能，但如果一旦沉迷网络游戏，甚至被一些不法分子的言论诱导了，后果不堪设想。

青少年由于社会经验较为单一，是非判断力较弱，很难分辨出哪些内容是有害的、哪些内容是有益的。游戏可以玩，上网也可以，但是一定要把握好尺度，不玩一些过于血腥暴力的游戏，涉黄赌毒的网站链接更不要打开。孩子要做到在拿捏不好尺度的时候求教于父母，而不是一味地相信网上的内容。

近视、肥胖等健康隐患悄然侵袭

　　电子产品使用过早是儿童近视呈现低龄化趋势的重要原因。父母要督促孩子每学习 40 分钟就休息 10 分钟，每天使用电子产品的时间不要超过 1 小时，休息时多进行远眺，多参加户外活动，保持移动用眼。

　　肥胖除了遗传外，与食物摄入和运动输出不成正比有很大关系，即所谓"吃动不平衡"。孩子减肥不需要节食，只要保证一定的运动量即可，比如，中小学生每天保证 1 小时到 1.5 小时的运动，就可以达到"吃动平衡"。毕竟减肥不是目的，健康才是真正的目的。

预防近视和肥胖

1. 饮食要均衡

保证一日三餐，定时定量，进餐速度不宜过快。

每天吃早餐，保证三餐营养充足、均衡，量适宜。

食物多样，争取做到餐餐有谷类、顿顿有蔬菜、天天吃水果，适量摄入鱼禽肉蛋。

保证每天摄入 300 克奶或奶制品，常吃豆制品。

合理选择零食，两餐之间可选择适量水果、坚果或酸奶等食物作为零食。

足量饮水，首选白开水，少喝或不喝含糖饮料。含糖饮料不仅会导致肥胖，还会加速近视的发生和发展。

不偏食节食，不暴饮暴食。

少吃油炸食品和高脂肪食物。

饮食要清淡，少吃腌制和熏制食品。

2. 要保持适当的运动

每天累计进行至少1小时中等强度及以上运动。

保证充足的体育活动，减少久坐和视屏(观看电视、电脑，使用手机等)时间。眼睛长时间盯着电脑，睫状肌就会处于痉挛紧张状态，从而导致晶状体变厚、眼轴拉长，引起或加重近视。

课间休息，要离开座位适量活动。

运动应包括适当的有氧运动、抗阻运动、柔韧性训练等。

运动要循序渐进，运动量不宜过大。

运动前要先热身，运动后要会放松，运动和休息交替进行。

运动过程中要注意防止运动损伤，科学选用合适的运动护具（如头盔、护膝等）。

3. 合理使用音频设备

单次使用个人音频设备的时间不宜超过 60 分钟。

避免在较为嘈杂的环境中长时间使用个人音频设备。

减少噪声接触——特别是娱乐性噪声接触。

预防麻疹、腮腺炎、风疹、脑膜炎以及反复发作的耳部感染等疾病，这些疾病有可能会导致听力下降或减退。

了解、掌握常见的耳毒性药物，提高安全用药的意识。

4. 早晚刷牙，饭后漱口

早晨起床后和晚上睡觉前要刷牙，每次刷牙不少于两分钟。饭后 3 分钟内漱口。

采用正确的刷牙方法，可清除牙龈边缘和牙缝处的菌斑。减少吃糖的次数，少喝碳酸饮料。

5. 保证充足的睡眠

保证充足的睡眠，有助于青少年的身心健康。

一般来讲，小学生的睡眠时间应为每天 10 小时，初中生为每天 9 小时，高中生为每天 8 小时。

6. 控制使用电子产品的时间

每天玩电子产品的时间累计应不超过 1 小时。电子产品发出的蓝光可直达眼底黄斑区，对黄斑区造成伤害，引发视觉模糊、视觉疲劳、眼酸、眼胀、眼痛，增加眼部病变的概率。所以，建议使用电子产品时戴上防蓝光护目镜。

读写要在采光良好、照明充足的环境中进行。

选用利于视力健康的照明设备。

选用与自己身高相匹配的学习桌椅，保持正确的读写姿势。

连续用眼的时间不宜超 40 分钟，每 40 分钟左右要休息 10 分钟，可远眺或做眼保健操等。

积极进行户外活动，每天接触自然光的时间应达 60 分钟以上。已患近视的青少年应进一步增加户外活动时间，延缓近视发展。

非学习目的，单次使用电子产品的时间不宜超 15 分钟，每天累计不宜超 1 小时。使用电子产品学习 30 分钟~ 40 分钟后，应该休息远眺放松 10 分钟。

多吃鱼类、水果、绿色蔬菜等有益于视力健康的营养膳食。

避免不良用眼行为，不在走路、吃饭时、躺卧、晃动的车厢内、光线暗弱的环境中或阳光直射下看书或电子产品。

学业荒废、人际关系淡漠，时间都去哪儿了

互联网使许多青少年沉溺于网络虚拟世界，脱离现实，荒废了学业。与现实的社会生活不同，青少年在网上面对的是一个虚拟的世界，它不仅满足了青少年尽早尽快掌握各种信息的需要，也给人际交往留下了广阔的想象空间，而且不必承担现实生活中的压力和责任。虚拟世界的这些特点，使得不少青少年宁可整日沉溺于虚幻的环境中，而不愿面对现实生活。

沾染不良习性——无力承受的网络之殇

互联网中的不良信息和网络犯罪对青少年的身心健康和安全构成了危害和威胁。当前，网络对青少年的危害主要集中在两点：一是某些人对青少年实施的诸如诈骗或性侵害之类的犯罪；还有就是黄色垃圾对青少年的危害。据有关专家调查，在网上的非学术性信息中，有 47% 与色情有关，网络使色情内容更容易传播。据不完全统计，60% 的青少年虽然是在无意中接触到网上的黄色信息的，但自制力较弱的青少年往往出于好奇或冲动而进一步寻找类似信息，从而深陷其中。调查还显示，在接触过网络上色情内容的青少年中，有 90% 以上的人有过性犯罪行为或动机。

另类社交，为孩子建立一个世界交流网

引导胜过围堵

当得知孩子有自己的社交账号，并且公开使用时，有一部分父母会采取极端的方式——封掉账号。但是，这种堵截的做法并不十分明智——大多数孩子在成长阶段并没有太多社交的需要，使用社交平台也是为了与朋友们更好地互动。而且即使是父母如临大敌，封了QQ、微信、微博，也许明天还会冒出更多的社交化工具。与其如此，不如以引导为主，主动成为孩子们在网络世界的好友，默默地在一旁担任守护者的角色，这种做法一定比一味地禁止来得更有成效。

根据孩子不同的年龄阶段进行不同对待

对于孩子使用社交平台这回事，还要具体问题具体分析。父母不妨将孩子的成长分为三个阶段，分别采取不同的措施：

在小学及之前的阶段，孩子不大适合有自己的社交平台，特别是虚拟平台，要鼓励孩子通过面对面地交往去培养自己的人际关系；

在初中阶段，孩子可以在熟人的范围内建立虚拟交往平台，改变一下之前的交往方式，但平台上的好友应仅限于父母与孩子都熟悉的人；

从高中阶段开始,孩子可以在取得父母的同意后适当地与同等身份的一些外校人士或者社会人士有所接触。

告诉孩子在社交媒体发布信息的原则

当下是一个自媒体时代,每个人都会成为信息的发布者和传播者,别说孩子,很多成年人都无法正确使用网络,甄别网络上信息的真伪。很多父母把网络当成洪水猛兽一般,希望孩子远离,其实在当下,任何人都无法远离网络,包括社交平台。

那么,父母首先需要让孩子懂得,在自媒体时代,每个人都可以成为新闻发布者,因此我们发布的内容首先要合法合规,言行与身份相符,然后还要注意其是否符合主流价值规范,是否会给他人带来伤害。

对社交内容的引导监管不能少

法律规定18岁以下的孩子需要父母的监管,在社交平台上,当孩子的好友人数或关注人数达到一定数量的时候,更需要父母监管。当孩子在父母的引导之下形成交际圈之后，父母在此时可以适当地给孩子一些空间让他们去自由发挥，但还是应该要关注孩子与外界交流的范围和内容，发现苗头不对时要及时干涉。在这个过程中，第一步很重要——引导孩子确定他的交友范围，从旁观者的角度去留意孩子在日常行为中的变化，及时给他们引导和启发。

给孩子提供一个安全的"小号"

在孩子所处的生活环境中，网络社交占很大比重，孩子通过网络交流，并在现实中谈论网络话题。换言之，如果封闭了孩子的网络账号，但不给他另外的、安全的小号，那他和同学也许会少了很多话题。

多陪陪孩子

和网友互动也是寻求陪伴的一种方式，父母要反思一下自己是不是总是在忙工作而没时间陪伴孩子，才使得他们不得不在网上发布一些信息来寻求别人的关注。如果想要孩子自觉地少用社交网络，就该多陪陪孩子，让他们能把心里话和父母交流；如果强制关闭了孩子的社交网络，就更该多陪陪孩子，不然孩子把话都憋心里的后果可是不太好的。

线下世界，让孩子能更勇敢地表达自己

很多孩子在网络上能畅所欲言，但是一到现实中就缺乏信心，不能勇敢地表达自己的真实感情和想法，甚至有些孩子还是自闭的，跟在网络上判若两人。因此，在线下世界，父母也应该努力培养孩子的社交能力，让孩子能更勇敢地表达自己。

鼓励孩子有自己的见解

在日本有这样一个故事。在学校的社会课堂上，父母听堂。老师向孩子们提问："有名的马铃薯产地是哪里呢？"很多孩子立即异口同声地回答道"是长崎县"。可是，有个孩子却独自举起了手，说："我认为是北海道。"教室里的孩子们顿时炸开了锅，这个孩子的妈妈也面红耳赤。

回到家之后，这个孩子的妈妈告诉孩子要好好思考之后再举手，孩子只是垂着脑袋默默地点了点头。后来听说因为这件事，这个孩子再也没有自己举手发言，即便是被老师点名，也是默默地站着，什么也不说。

当周围的人都说"右"的时候，即便自己认为"左"是正确的，但下决心说出来也需要莫大的勇气。所以，即便想法是错误的，只要孩子能够说出来，也应该好好地表扬孩子的勇敢行为。毕竟，孩子正处在成长阶段，很多方面都需要学习，如果直接扼制了孩子的表达，无疑是将孩子的表达欲望扼杀在了摇篮里。

当然，还有很大一部分原因是在社会中，一个集体中的"少数派"通常会被打上"怪人""不合群"的烙印，因而感到脸上无光。所以，很多人总是难以主张自己的想法，跟赞同不赞同无关，只是在集体中安稳地随大流。这种人的内心里虽然或多或少地有一些抵触情绪，却总是将它压抑于无形，还自我安慰地把这个当成是如今社会的生存之道。

而很多父母也总希望自己的孩子成为"多数派"，但这对于孩子来说，绝不是好事。如果对孩子的见解采取不认同的态度，就会妨碍孩子的自我发展，最后使得孩子真正变成一个"大家说左就左、说右就右"，而没有自信心的人。

对于孩子的意见，还是要多多鼓励、夸奖孩子发言的行为，而不是去批评其发言内容的对错。

试着让孩子去纠正他人的错误

有个小朋友上小学六年级，是班上一些男生的"老大"。据说，以他为首的"团体"经常在学校里欺负另一个男孩子。虽然老师也无数次地苦口婆心劝导他停止这种行为，但是老师每说一次，他欺负的行为就越发升级。

苦恼的老师找到他的妈妈进行面谈，将情况说明后，老师希望得到他的妈妈的帮助。

回到家后，他的妈妈将孩子喊到自己跟前说道："我听说在学校里有欺负同学的事情？好像是小杰和小盟欺负一个孩子，你和他们的关系应该很好吧，能不能让他们停止这种行为？"

当然,这位妈妈的目的是针对自己的孩子,但却没有正面批评他,而是让他去说服别的孩子。听到妈妈这么说时,他以为妈妈并不知道自己也参与了这种行为,顿时松了一口气。同时,他也为自己的行为抱有深深的罪恶感,在自己进行反省之后,他停止了在学校里欺负其他孩子的行为。

这个孩子本来就具有很强的领导能力,责任感也比一般的孩子更强。据说,在劝说了另外两个小同学停止欺负行为后,班级里的霸凌现象也随之消失了。

可以说,这位妈妈在对待孩子的心理战上打了漂亮的一仗。如果这位妈妈直接指出孩子的错误并要求他改正,恐怕孩子是不会老实地听从妈妈的话的。

对于反叛期的孩子,如果直接地批评他的错误,孩子是不会老老实实地接受的,反而会加倍叛逆。如果批评的内容是孩子不希望别人提及的,与自己的人性本质相关的话,就更是如此。

因此,在这种场合下,就算是自己孩子的问题,父母也要装着和孩子没关系一样若无其事地提出来,让孩子去说服其他有同样行为的孩子。如此一来,孩子就会在不被伤害自我的核心前提下接触到问题的本质,从而做到客观地审视自己。

要想提醒别人,首先必须纠正自己的行为。这能够培养孩子作为一个"人"应该具备的自信心。要想纠正别人的错误,必须先端正自己的行为。

用对的方式去教育孩子,才能达到事半功倍的效果!

新技术与新思想有利于培养孩子的创造性思维

创造性思维是一种具有开创意义的思维活动，即开拓人类认识新领域、开创人类认识新成果的思维活动。创造性思维是发散性思维，这种思维方式是在遇到问题时，能从多角度、多侧面、多层次、多结构去思考，去寻找答案，既不受现有知识的限制，也不受传统方法的束缚。其思维路线是开放性的、扩散性的，解决问题的方法更不是单一的，而是在多种方案、多种途径中去探索选择。在数字时代，如果能注重创造性思维的训练，就在无形中提升了自己的学习力，也可以说是竞争力。

在游戏中培养孩子的创造性思维

游戏是幼儿的主导活动，在游戏中，孩子的创造力日益提高，从单纯的模仿发展到创造，他们逐渐利用自己的创造性思维开展新型的游戏情节，创造性地扮演角色，创造性地制作游戏道具等。但是游戏水平的发展并非完全是自发的，在游戏中发展孩子的创造性思维，是需要父母的启发引导的。

通过音乐、绘画培养创造性思维

心理学家和教育学家一直认为音乐是促进孩子身心发展的好

方法，因为音乐会促进右脑的发育。另外，音乐可以丰富孩子的精神世界，在优美的音乐中，孩子情绪愉悦，这个时候，孩子的创造性思维处于最佳的状态下。绘画也可以促使孩子右脑的发育，增强孩子的创造性思维。因此，父母应该鼓励孩子多接触音乐和绘画，并且给孩子一个自由的欣赏和实践的空间，随心所欲地画、自由想象地听。

通过听说能力训练培养创造性思维

平时父母应该多和孩子进行对话，多给孩子讲故事。在与孩子说话时，要因势利导，抓住机会，就孩子感兴趣的话题展开对话，这样可以促使孩子启动思维，即兴表述生动的语言。在讲故事的时候，可以给孩子一个开放式的结尾，让孩子发挥自己的创造性思维，结合之前的故事情节，进行合理又有创造性的推断，完成故事。

多动手培养创造性思维

孩子与生俱来的好奇心促使他们一刻也停不下来，总是摸摸这、动动那，这个时候父母千万不要因为怕孩子弄乱了东西而粗暴地制止，应该对孩子的好奇心给予鼓励，同时给孩子正面的解释，鼓励孩子自己动手搞一些小发明。在手指尖的触摸过程中，孩子的创造性思维也得到了最好的发展。

父母应该避免的错误态度

对孩子的想法不屑一顾。即使在父母看来孩子的想法很可笑，但那一定有孩子自己的道理，父母或许应该去认真地听听。

对孩子的行为漠不关心。在孩子进行游戏或绘画等活动时，父母不要不闻不问，可以多关注孩子，当他有创造性的表现时，应该给予鼓励和赞美，这样孩子的创造性就更高了。

占用孩子的活动时间。父母不要一意孤行，按照自己的意愿把孩子本该自由活动的时间都拿来练习小提琴之类的专业学习。这对孩子的创造性思维的发展将会造成阻碍。

轻视孩子。父母有时不能轻视自家的孩子，以为孩子什么都不懂，当孩子向父母提出一个看似超出了他的智力水平的问题时，也要尽量地向他解释，而不是粗暴地对他说："说了你也不懂！"

用不变的教育方法对待已经变化的孩子。随着孩子年龄的增长，父母的教育方法也需要做相应的改变，让孩子时刻能接受父母的教育，为孩子的创造性思维的发展奠定良好的基础。

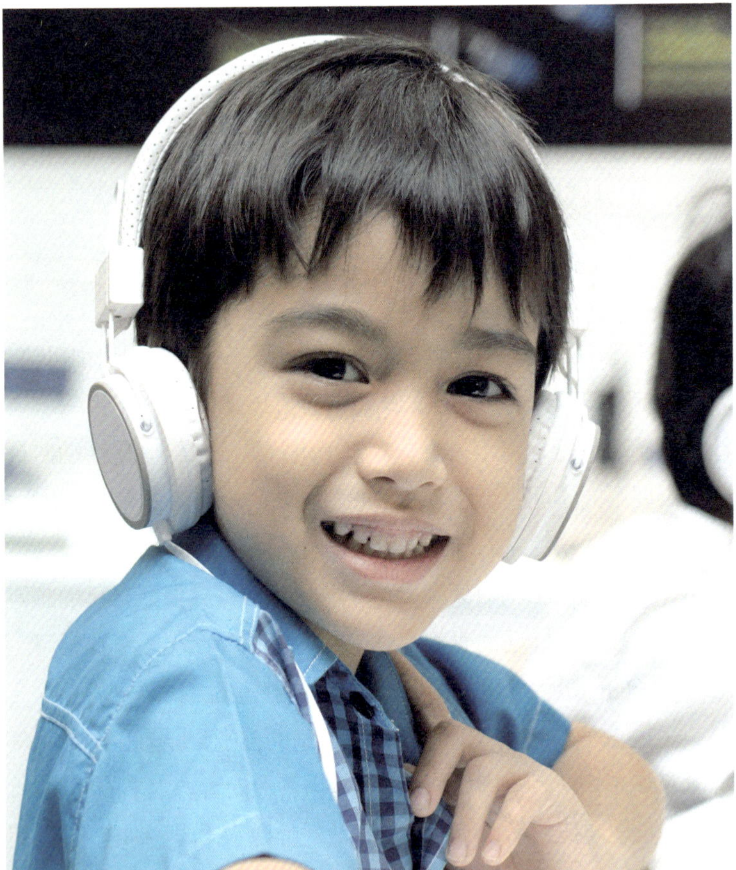

第三章

儿童网络问题为何越来越多

当父母和学校给予孩子的压力过大,他们可能会选择沉迷网络;当孩子在现实生活中不快乐或没有朋友,他们可能会选择从网络上寻找;如果父母的感情不和或孩子与父母感情生疏,他们也可能选择逃避家庭,进驻网络……孩子的网络问题总与他们的成长环境密切相关。找到孩子网络问题的根源,才能趋利避害,让网络在孩子的生活中起到正面作用。

儿童群体的特殊性不容忽视

事实上，心理学家们发现，网络之所以能让孩子们沉迷其中，是因为这个年纪的孩子恰好有些心理特性是可以通过网络得到满足的，它们包括了：

认知需求

孩子在成长的过程中，往往对周遭的事物充满好奇。而网络的便利和自由的特性恰好为他们提供了一个了解外部世界最方便、最便捷的方式。网络上的信息量不仅庞大，内容也是丰富多彩，极大地满足了他们的好奇心和求知欲。

自我实现的需求

每个孩子都希望能发挥自己的潜能，喜欢得到别人的肯定，这就是所谓的"自我实现需求"。有些孩子在学校的成绩不够优秀，与伙伴相处得也不够融洽，情绪上总是很低落，缺乏自我实现的满足感。而在玩网络游戏时，他们相对而言较容易体验到成功的快乐，况且游戏输了，可以自己做主，不断地重复来过，生活中却不能如此，这些都大大满足了他们自我实现的需求。

人际交往的需求

有些孩子的个性比较内向，不太善于和同学或伙伴相处，可在网上却能交一大堆的朋友。原因就是网络具有可匿名性的特点，可以让他们突破许多心理障碍，对着陌生人畅所欲言，弥补了他们在现实生活中的交友不畅，也达成了情绪宣泄及交流的目的。

性心理满足的需求

青春期的孩子正处于性心理懵懂的时期，对异性充满了好奇。而国内在这方面的教育还有所保留，父母也总是谈性色变，留给孩子很不好的心理暗示，结果反而更激发了他们的逆反心理和好奇心："你们越不想让我知道，我就偏要知道。"而网络在这方面的开放，恰好给孩子提供了一个便利的渠道，也满足了他们了解性的需要，因而让很多孩子沉溺其中。

不安定的网络环境是催化剂

网络空间也并不完全就是一片净土,在网上有很多的垃圾,比如,网络谣言、暴力、色情、犯罪之类的东西。为了净化网络环境,我们每一个人都要自觉,从我做起,从一点一滴去做,说文明话、做文明事,让我们的世界更美好。

做文明网友

互联网的功用有很多,但有的人却把互联网当成宣泄不良情绪的工具。这样的人上网,只会产生很多噪音和杂音,在网上言语粗俗低级,格调极为卑劣,也损害了自身的形象。我们每个人上网时,都要做一个文明的网友,坚决抵制这种不文明行为。

培养良好的上网习惯

上网不要乱说乱写,要做到网上网下言行一致,形成良好的道德行为规范。上网也要讲究健康,聊天要文明,内容要健康,屏蔽不良信息。平时注意多发布正面信息,扩散正能量,给人们的生活带来美好、增添活力。

减少网络谣言

网上会有一些人恶意散播谣言,我们必须严厉惩处制造传播谣言者，形成威慑效应。很多未经核实的信息不能随便地轻信盲从，更不能随意去传播。自己要善于理性思考，用事实说话，纠正偏差，不信谣、不传谣。让流言止于智者，减少谣言扩散和滋生的空间。

尊重个人隐私

在网上很容易泄露各方面的信息，信息泄露造成的后果也非常严重，不可掉以轻心。要学会保护好个人信息和隐私，防止个人信息泄露。尤其是个人隐私必须保密，泄露出去必将妨碍你正常的生活，甚至对你的人身、财产安全构成威胁，造成恶劣的影响。

必须删除某些东西

在网上对于那些很容易造成不良影响的言论、未经证实的传言和帖子，或是发布的低质文章，应该迅速予以删除，切断其网络传播的渠道。

增强自我约束

净化网络环境，要从个人做起，增强自我约束、自制力。对于网络中那些色情和暴力信息，一定要做到不去看、不去想、不参与、不传播。要及时发现那些危险的言行，做到理性地认知、有效地制止，杜绝二次传播，以免造成更大的危害。

不和谐的家庭环境更易滋生网络问题

家庭是一个人性格养成的重要场所，每一个人自从孩童时，到真正成年之前，都是在家庭中长大的，受到家庭的影响非常显著。如果家庭不和谐，孩子往往更容易患上一些心理疾病，导致自身更依赖于网络。研究发现，90%有网瘾的青少年都来自家庭紧张的环境。

没有好的榜样

在幼年时期，孩子处在一个不断的学习过程之中，如果这个时候孩子是处在一个不和谐的家庭之中的话，很有可能就会受到这些方面的影响，从而对孩子的健康造成一些不利的影响，同时也有可能会导致孩子的性格方面出现一些畸形，从而更容易患上一些心理疾病。

当他们明显感觉到家庭中亲人的关系出了状况时，为了逃避这个令人不快的环境，就会沉迷到网络之中。因为在网络的世界中，他们不需要面对父母的争吵不休，甚至于肢体暴力等让人不知所措的状况。

教不了孩子正确的处世方式

其实我们都应该能够明白，如果一个家庭连最基本的和谐都做不到的话，那么父母对教育孩子肯定也是不上心的，很有可能就没有办法很好地教导孩子，就会导致孩子没有一个正确的处事方式，从而会面临更多的失败，也就更容易患上一些心理疾病。

孩子往往缺少关爱

一个家庭如果不和谐的话，很有可能对于孩子的爱是不够的。在孩子的成长过程之中，更多的是需要父母能够给予关心和爱，如果连这一点都满足不了的话，那对于孩子的身心健康是非常不利的。

当孩子觉得跟父母无法沟通，不被理解，或无法接受父母的教育方式时，因倍受压力就会产生反抗的念头。而当反抗失败，心中积累了许多郁闷，这时网络对他们来说，就是排解郁闷的一个渠道。

在儿童早期，父母总把手机当"安静剂"

如今，手机已经渗透到儿童的生活中。很多父母有意无意地把手机当成了"哄娃神器"。有的父母在忙手上的活儿，没空理孩子，就把手机塞给孩子，让他自己玩，就可以安心地做自己要做的事。这样的做法不但助长了孩子玩手机成瘾的习惯，还潜移默化地告诉孩子："父母因为要忙所以才给我手机玩，那下次他们再忙我就有理由要手机玩了。"这样的做法不是爱，而是害。父母如果要做事，没有时间陪孩子，在孩子央求陪伴的时候，就应该和他说明情况，并告诉他可以做些自己感兴趣的事，或者来做小帮手，从而让孩子学会理解他人、体贴他人。这也是一种相互陪伴的需求。

手机给孩子，全家都"安生"

现在很多年轻的父母对手机的依赖性比较强，孩子一哭闹，他们就会拿出手机安抚，并将玩手机作为鼓励孩子完成任务的奖励。手机俨然成了这些父母的"哄娃神器"。比如，孩子每次不好好吃饭的时候，只要说"吃完饭就能玩手机"，问题立马解决了。

不少父母自己就有手机瘾，有时候他们想玩手机或者打游戏时，会让孩子在旁边用手机或者平板电脑看动画片。有调查显示，对近6万份父母样本和100万份孩子样本进行了统计调查，在"跟孩子在一起时，你会经常看手机吗"这项调研中，从来不看的父母只有7%，经常看的有27%。可见，手机已经严重"霸占"了父母陪伴孩子的时间，让很多父母的陪伴只是一种"物理陪伴"。

哄娃很轻松，伤娃很严重

不得不承认，用手机换取孩子的一时安静，既简单又有效。但一旦养成习惯，"哄娃神器"就会变成"伤娃利器"。

青少年近视主要跟过度用眼和近距离视物有关系。随着手机等电子产品的快速普及，近视的发生率也越来越高。据国家卫生健康委在2018年6月举行的专题新闻发布会显示，我国小学生近视比例为45.7%，初中生近视比例为74.4%，高中生近视比例为83.3%，大学生近视比例则高达87.7%。我国的近视人数已居世界首位。青少年时期是眼睛发育最关键的时候，孩子出生后，一般会有300度左右的远视。8岁以内的孩子应该是偏远视的，随着眼球的发育，孩子的眼轴会逐步拉长，远视程度会逐步降低，到8岁左右，才会发展到一个正常的屈光状态。如果孩子因为学业、电子产品等用眼过度，8岁以内就开始近视，以后的度数就会越来越高。

一般来说，3岁儿童视力正常值下限为0.4，4岁儿童视力正常值下限为0.5，5岁及以上儿童视力正常值下限为0.6，6岁以后视力正常值应达到0.8以上。现在有些孩子是因为自身视力发育不良导致的弱视，但更多的则是因为过早、过多地接触手机等电子产品所致。近视导致的弱视更难治疗。

预防近视首先要注意用眼科学卫生。养成正确的学习姿势，眼睛与书本的距离应保持在30至40厘米，超过半个小时应该休息一下。户外活动时间最好能达到每天两小时，确保每周累计进行14小时的户外运动。

父母要尽量减少在孩子面前使用手机的频率，不要把手机当作"交易筹码"，比如，"好好吃饭就给你玩手机""不哭就给你玩手机"等。另外，要根据年龄控制孩子使用手机的时间。

过度保护与控制催生网络"巨婴"

巨婴本是指体形巨大的婴儿,近年来,人们用"巨婴"来形容心理滞留在婴儿阶段的成年人。这类人以自我为中心,缺乏规则意识,没有道德约束,一旦出现超乎自己预期的情况,就会情绪失控,产生过激的非理性行为,使用婴儿般的方式来抗议,试图通过哭闹、喊叫、肢体冲突等极端方法来使他人或周围环境屈服或退让,达到自己的目的,给社会带来灾难性后果。

在现实生活里,常常见到父母有这样的表现:

孩子说上网查资料,妈妈担心他玩游戏而全程在身后盯着。担心孩子在大人不在的时候乱上网,出门要背走家中所有的电子设备,锁上路由器。当孩子想拥有手机,妈妈觉得世界要坍塌了。

事实上,因为父母过度地替孩子做选择,正导致孩子失去自主判断能力,变成网络时代的"巨婴"。如今网络发达,信息传递迅速,所有人都可以通过网络表达自己的理解与看法,所以网络上出现了一种传播快且广的东西,有人说叫"鸡汤",有人说叫"毒鸡汤"。总之,不管是打气的,还是泄气的,很多都是偏激的,甚至是没有一点好处的。但是这种视频的点击率、回馈率非常高,非常火爆,说明很多人非常认可,并且想从中寻找答案。很多年轻人就是这种网络时代的"巨婴",他们求上进、求认可,但是迷茫,自己又找不出还没有达到自己预期的原因,就在"鸡汤"或"毒鸡汤"里寻找答案,结果适得其反。

过度溺爱与过高期望让孩子学会了逃避

很多父母都因为太溺爱孩子，忽略了孩子的个性和自主性。而很多父母是对孩子期望过高，希望在孩子的身上实现自己当年的理想与宏愿，然而，当过高的期望与孩子的实际状况产生矛盾时，孩子往往会产生逆反心理，从而想在网络上寻求安慰，比如，网聊、网络游戏等。

其实每个人都是从孩子时期过来的，回忆自己的经历，有谁是被父母打骂才变得聪明的呢？有些父母打骂孩子可能就是因为对孩子期望过高、要求过严。若父母对孩子期望过高，要求过高、孩子无法达到要求，便导致其经常失败。由于大多数父母在生活中并不是一个理想中的成功者，当对孩子提出过高要求时，便出现一个问题：父母只能做到言传，而不能做到身教。

而且父母对孩子期望过高，孩子被支配、被指责得太多，就会变得脆弱，使得孩子最怕犯错误、最怕失败，所以为了避免错误，他们反而放弃了提出问题的机会，放弃了在失败中学习的过程。在现实生活中，我们常常看到、听到因为父母对孩子期望过高、要求太严，而使孩子产生精神障碍甚至自杀的悲剧。

有的父母对孩子期望过高，超过了孩子的实际能力，会加重孩子的心理负担。当孩子犯错误时，父母不使用让孩子心悦诚服的办法，而是选择简单粗暴的方式；当父母对孩子抱有过高期望，又没有和孩子及时有效地平等沟通时，就可能导致孩子对父母滋生怨恨的情绪。

而那些被逼迫出来的"优秀"孩子，很大一部分有心理疾病，容易对父母、对社会产生怨恨。

"数字代沟"隐忧凸显

"数字代沟"是互联网时代的产物,正是由于不同年龄段用户的接受能力不同,"代沟"现象才越发明显。近年来,当我们还在关注与年长的父母之间的"数字代沟"时,儿童与中青年人之间的"代沟"也逐步形成,甚至日渐扩大、加剧。这也难免让人对此感到担忧。

不可否认,正是因为儿童的懵懂、天真、纯粹,学习新事物自然也能快人一步,更显灵动,比成年人更快掌握新技术、使用新应用算不上什么怪事,我们也乐见"孩子教父母"的温馨一幕。但并非每个家庭都是如此,有的孩子活跃在网络空间,而与父母沟通甚少,又缺乏自我保护;对外界的理念、知识接受得快,却也缺乏成型的价值观引导,一旦被不良文化、错误思潮所诱导,造成的危害不堪设想,尤其是在父母尚未领会新事物、融入新理念的时候,更是让人防不胜防。

时下,各类新应用层出不穷,却也不乏一些"问题应用"流窜于网络。少数网站、软件将不健康内容掩藏在页面之上,或许只是出于广告投放等商业目的,但无法保证孩子不会无意中打开链接,看到违法违规内容。而对父母而言,很难随时随地陪伴在孩子身边,监督其网络操作行为,尤其是手机端的游戏、网页,更是难以觉察。同时，一些软件、游戏的设定本就是围绕孩子"量身定做"的，涉及的相关内容、涵盖的相关话题让孩子沉迷其中，却让父母的脑中近乎一片空白、不知所云，让"数字代沟"越拉越大。

"数字代沟"的形成并非一朝一夕之功，我们不能归责于互联网技术的发展，毕竟这是大势所趋、形势所致，但客观现实也折射出父母在新技术、新应用方面存在"硬伤"，对儿童互联网行为的引导留有缺陷。由此可见，消除"数字代沟"是父母必修课。一方面，父母要在相处方式上有所转变。孩子"反超"父母的现象已然存在，在未来将会更加普遍，父母尤其要看得到孩子在适应新环境、接受新知识上的灵气和优势，给予他们足够的认可，切不可"简单粗暴""武断遏制"，一定要维护好和谐的家庭氛围、亲子关系。另一方面，父母要在认知学习上有所提升。不论孩子灵性多强、悟性多高，阅历上的短板是无法弥补的，孩子接触的虚拟环境父母没必要通盘掌握，却也要了解一番，这样既能帮助孩子做好价值的选择、理念的识别、正误的判断，又能始终将"数字代沟"保持在可控范围内。

新一轮"数字代沟"已然出现，但代沟再大、再深、再远，也终究是心的距离。所以，只要父母多一些悉心地指导、耐心地陪伴、用心地引领，"数字代沟"的影响就自然会消失于无形，一定能给孩子营造一个和谐的成长环境。

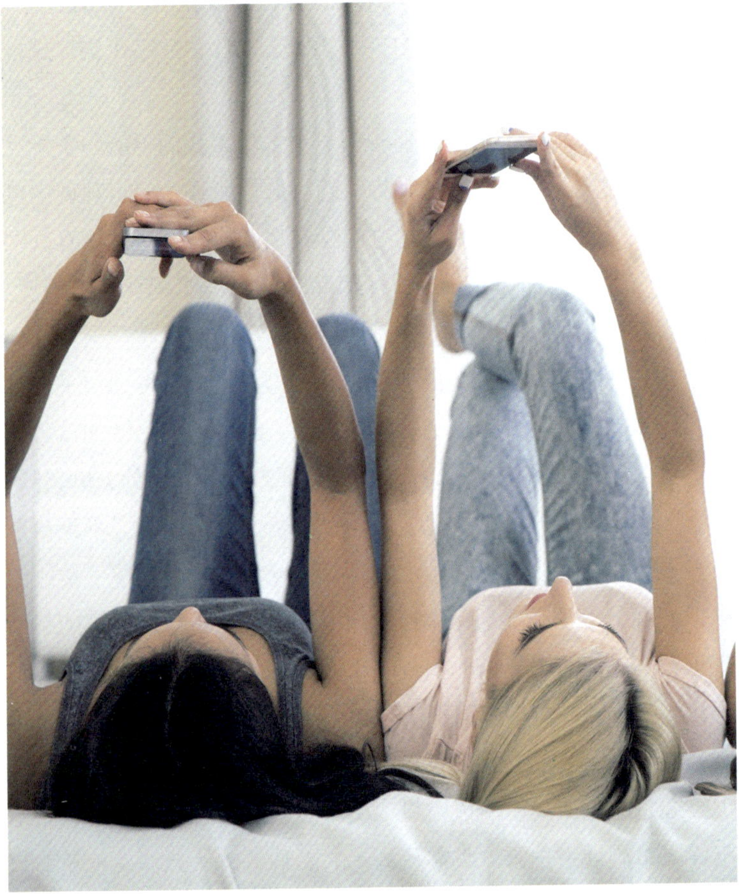

第四章
正确看待互联网

现在的孩子,尤其是"00后""10后",被称为"数字原住民""网络原住民",即指从小生活在移动互联网时代的这代人。他们非常容易受到网络上各种正面或负面信息的影响,所以如何规范使用网络、提高孩子的网络素质非常重要,需要父母与孩子一起努力。想要正向引导孩子,父母首先自己要正确认识网络,提升自身网络素养,并掌握在新媒体时代养育孩子的方法。

重视家庭网络素养教育

网络素养是美国的学者在 1992 年提出来的概念。大家发现，电影、报纸、杂志、电视所传播的很多信息对孩子的认知、习惯养成和规范，乃至于和父母的交流都具有一定影响。之所以大家开始对网络素养进行关注，是因为整个社会对儿童保护的需求。

美国在 20 世纪 70 年代针对幼儿园的孩子做了一个实验电视剧，并且专门有一组人跟踪看这些节目的孩子。经过 15 年的研究之后发现，小时候在老师或者父母指导下看这个电视剧的孩子，高中的时候数学明显比没有看过该电视剧的孩子要好。英国也做过类似的课程，从小学开始开设媒介素养课程，也是经过 10 多年的跟踪研究，发现学习过媒介素养课程的男孩子到了初中以后的写作能力要明显高于没有接受该教育的孩子。

从学术上来说，网络素养有一些界定，包含网络信息获取能力、网络信息的辨别能力和分析能力、网络信息的批判能力和解读能力、网络信息的生产能力和网络学习能力。网络是线上的，但却能完全折射到现实社会，所以网络协作能力是一个很好的表现。此外，网民在使用网络的时候一定要有自我约束力，我们称之为自我管理能力。

网络素养反映在我们生活中，主要有两个方面：一个是不要去害人，第二个是不要被人害。你要有不去害人的道德要求，同时也要具备不被网络伤害的基本能力。网上最大的一个问题就是诈骗，诈骗的能力和骗术每天都在变化，越来越难识别。尤其是通过技术手段实施的诈骗更难识别，因为技术发展的速度远远超过人的认知速度，也超过人的能力培养速度。在使用网络的时候之所以出现这么多乱象，是因为人们都不了解，只是按照自己的想法在肆意地上网，于是就产生了很多问题。

网络改变家庭教育

美国著名媒介理论家保罗·莱文森曾讲过一个"枪、刀子和枕头"的故事：刀可以用来砍柴，也可以用来杀人；枪械可以用来杀人，但也可以用来捕杀猎物以便充饥；枕头让人睡觉舒适，但也可以用来窒息杀人。电子产品也是这样，关键看我们如何使用，以及用它来做什么。

作为父母，我们培养孩子的网络素养所需要做的包括：帮助孩子适应新时代的网络技能和素养，教会孩子网络相关的安全知识。如果父母用强硬的态度完全割断孩子与网络的关系，最终带来的往往不是成长，而是因噎废食，这无异于剪断了孩子飞向未来的翅膀。科学地引导、合理地设置规则、教会孩子正确使用电子产品，才是父母应该学会的事。

　　在网络时代，由于电脑互联网的广泛应用，父母在孩子面前不可能永远保持权威者的形象，应提高自身素质，转变教育观念和方式。

　　①认真研究现代媒体，引导孩子从小就学会直面媒体，形成必要的媒体素养；

　　②加强对孩子网络行为的指导，关心孩子的精神世界，发挥父母的榜样示范作用，共同养成良好的网络行为习惯，共同营造

良好的家庭网络文化氛围；

③切实转变"家长"观念，变"长"为友。长期的"家长制"和不平等的亲子关系影响了父母和孩子的沟通，"蹲下来和孩子交流"，变"家长"为"朋友"，变从属关系为平等关系，是广大父母迫切需要建立的家庭教育的基本理念。

从儿童早期开始介入孩子的网络素养教育

父母要提前甄选，给孩子提供优质的内容。如今，互联网教育产品日趋丰富和完善，直播课程、视频教学形式多样，全世界越来越多的教育家、心理学家和工程师加入到了在线教育中。与互联网给我们带来的担忧相比，有远见的父母看到更多的是互联网给教育带来的新机遇。当下，互联网上有很多寓教于乐的优质课程，可以帮孩子学识字、算数、绘画等，为孩子带来积极的影响，而这些也逐渐成为父母教育孩子的好帮手。

然而哪些才是适合学龄前孩子观看的内容呢？很多父母的选择往往很模糊，如免费游戏、应用市场里面正在推广的APP。这些没经过甄选就甩给孩子的游戏，包含许多风险，比如，诱导付费、内容粗糙、含有不良广告等。在为孩子选择适宜内容、规划学习环境时，父母要把握好以下几点：

内容：专业的儿童教育团队研发出品，画面稳定、语速缓慢、发音清晰，最好有标准的对白或旁白，孩子可以感知、理解，并能给他们带来愉悦情绪与提高认知的正面内容。

时长：3～6岁的孩子，每次观看时限在5到15分钟。

时间：饭后或玩耍归来休息时看，在这个时间段里不要打扰他。

坐姿：面对画面正中位置坐，视线尽量与画面齐平，不偏不斜，不高不低。

明晰边界，不把电子产品与奖惩挂钩

在很多家庭里，经常把电子产品的使用和奖惩挂钩，其实这是教育孩子最大的误区。

毫无关联地惩罚孩子：孩子一旦犯错，父母就剥夺孩子玩电脑、看电视的权利，不管孩子犯的错跟这到底有没有关联。哪怕孩子没有按照要求写完作业，父母也会发飙："怎么这么不听话？今天不许再看电视！""电脑给我拿出来，再也别想看一眼！"

莫名其妙地奖励孩子：比如，父母会跟孩子说："你按时完成作业，就让你多玩10分钟游戏。"遇到孩子哭闹，也总是拿出手机或者平板电脑跟孩子说："别闹，拿手机自己先玩会儿吧！""乖，给你下载个小游戏玩吧！"

在以上这些场景中，电子产品已经超越了它本身的属性，父母在不知不觉中把电子产品变成了奖惩和诱饵，使之成为控制孩子、约束孩子行为，与孩子谈条件、做交换的筹码。这样做不利于孩子形成良好的认知，也会混淆孩子的是非观，同时让孩子在使用电子产品的过程中一直处于"被动"的地位。

绝对禁止和放任自流都不可取

过多关于"网络游戏""网络陷阱""网络色情"的负面影响，让很多父母对孩子上网是毫无商量可言的一律禁止。父母这样的反应不无道理。网络世界就是现实世界的折射，甚至网络上的东西在现实世界有过之而无不及。但是父母要知道，迟早有一天，孩子是要走上社会，自己面对这些负面东西的。父母的绝对禁止让孩子不能接触这方面的负面信息，孩子一旦自己面对就毫无防备、措手不及。所以，父母还不如让孩子有控制、有节制地去接触网络上一些负面的东西，借此增强孩子对这些负面东西的免疫能力。

网络的存在利与弊共存，而且是利远远大于弊，所以它得以存在。孩子通过网络，可以拉近他们与世界、社会、他人的距离，也能在这个过程中学会辨别、交往、思想、创造等。父母不能完全禁止孩子接触网络，也不能放任孩子无节制地接触网络。父母要懂得如何帮助孩子筛选有效信息，正确处理有害信息。

正面鼓励往往比批评、控制更有效

父母要帮助孩子树立正确的网络观。在当今社会，网络技术是孩子必备的基本技能，父母应该鼓励孩子接触网络，更好地使用网络，把网络当成工具、当成百科全书，可以便捷地查找相关知识。当然，网络的功能还有很多，比如，为人们提供了许多游戏可供娱乐，还可以让人们实现购物、通信、办公等需要。所以网络本身并不神秘，也无可指责，关键是人们利用网络时心态要好。小学生更要本着学习知识、获取信息的原则去上网，而不是仅仅沉迷于网络游戏，或做其他一些与学习无关的事情。

同时，父母要帮助孩子选择正确的网络信息。网络上的大量信息是有助于孩子学习和健康发展的，正确利用网络可以帮助孩子拓展知识面、打开思路、提高学习成绩。但小学生分辨是非的能力还很差，而网络信息又良莠不齐，父母要帮助孩子正确选择网络信息源，确保孩子在有利于身心健康和学习进步的网站上浏览，禁止孩子浏览不健康网站，以免陷入其中不可自拔。只要父母正确引导，网络就会成为孩子学习上的好助手。

而且，父母不要让孩子一直处于相对封闭的家庭环境中，要鼓励孩子多参与现实活动，多与小朋友互动交流，多参与各种有益身心健康的兴趣班，这样既可满足孩子喜欢玩乐的天性，释放来自生活和学习的各种压力，又可帮助他们远离网络诱惑，减少沉迷网络的机会。

让孩子认识到网络媒介的工具性

网络带给孩子的影响显而易见，尤其是社交媒体。它汇集了各种各样的观点与信息，在这些信息的洪流当中，父母不能不加处理地让它们冲向孩子，但也绝不可一概而论地将它们统统拒之门外。所以，父母需要先明白社交媒体的价值所在，然后才能指导孩子如何充分利用他们在这上面所花的时间。

社交媒体的潜在价值是提供更多的知识资源

社交媒体是分享想法、信息和观点的平台，这些都意味着非常重要的教育价值：社交媒体可以扩展孩子所接触到的信息的范围，同时也能帮助他们了解其他人如何看待和使用这些信息。网上有很多热门话题，孩子可以通过网络接触到不同学科的专业信息，他们或许能够透过自己感兴趣的一个点，打开一扇新世界的大门。

社交媒体最大的教育价值在于把真实的信息与

他人分享的见解相结合。孩子在这其中能够接收到均衡的、多样的和"真实的"信息，进而帮助他们加深对信息的理解。

修复孩子的心理创伤

研究发现，社交媒体对儿童的身心健康也有显著的好处。社交媒体"人以群分"的特性，使得孩子能够与和他们年龄相仿的人结伴、沟通。许多社交网站中都有"小组"这种形式，这种形式能帮孩子形成归属感，给他们一个安全的表达空间，以及一个理解、应对自己状况的缓冲带。

建立新的社交渠道

许多社交媒体还能够帮助孩子了解到当今艺术家、科学家、文学家的第一手信息。孩子不仅可以看到来自这些人的分享与见解，甚至可以与他们直接交流、沟通自己的见解与问题。

使用社交媒体还有一个好处，就是通过定期的在线联系可以增强孩子线下所建立的友谊。对于那些不太合群、在学校群体中感到边缘化的孩子，社交媒体能帮助他们与其他有着相同兴趣或人生观的人联系在一起。

在某些情况下，遇到重大问题的青少年还可以在社交媒体上迅速地寻求他人的支持和帮助，很多公益性质的组织或团体都会在网络上向大众提供帮助。

社交媒体同样也是推动社会问题的重要平台，比如，种族问题、国内和国际关注的重大事件等，可以帮助孩子关注一些世界范围内的重大问题或事件，唤起心中的责任感。

比如，Sidney Keys（西德尼·基斯），一个11岁的非裔美国男孩，因为喜爱阅读，建立了一个网络读书俱乐部，以此来推行非裔美国文学。

了解孩子的数字轨迹

有调查显示，在 10 岁～12 岁阶段，孩子的网络安全意识逐步提高，但到了十三四岁后，安全意识反而下降了，14 岁孩子表示会及时更新手机或电脑杀毒软件的仅 12.3%。在高年龄段的孩子中，与父母在社交媒体平台互为好友并经常互动的比例仅为 5.8%。如果在网上被威胁，表示非常愿意和父母讨论、寻求父母帮助的，10 岁孩子中有 32.4%，14 岁孩子则仅有 20%。

调查还显示，大部分孩子对网络安全的法律法规了解较少，表示比较了解（或非常了解）网络安全法律法规的比例是 16.6%；而父母的了解程度还不如孩子，14 岁孩子的父母表示自己了解网络安全方面的法律法规的比例只有 12.3%。

因此，父母要多了解孩子的数字轨迹，比如，孩子在网上做什么、对哪些网站感兴趣。同时，要尽早培养孩子的网络安全意识，了解相关法律法规。也要根据孩子成长的不同阶段来调整教育方式：10 岁以下的孩子以建立习惯和规则为主，10 岁以上的孩子以沟通交流为主。父母通过"约定"等方式和孩子共同制定上网行为规则，是最有效的手段。

和孩子一起学习使用互联网

许多父母只是通过新闻媒体了解到诸如某某孩子上网成瘾，几天几夜不回家，过度兴奋、紧张猝死于网吧；某某女孩约见网友被骗等消息，而很少静下来思考、研究网络是什么、有什么、能做什么，孩子上网需要什么。其实，以上不良表现主要是父母不懂现代信息技术，没有真正引导孩子充分应用网络的优势，反而使其误入歧途。

我们经常见一些父母为了自己的娱乐快活、顺畅，把孩子单独留在一边看动画片、玩游戏。这样，孩子显得非常孤独，同时也被动画或游戏中的暴力、色情所吸引，从而也扮演其中角色"小试一把"，久而久之，孩子就会迷上网、迷动画，甚至走上犯罪的不归路。

究其原因，主要是父母引导不力所致

父母应该从以下三点努力引导孩子正确上网：一是要主动引导孩子了解网络，不要视网络为洪水猛兽，生怕孩子一上网就会陷进去；二是要引导孩子运用网络这个工具理解一些生活中有实际意义的问题，尽量为孩子创造有展示才能的机会，增强深入学习、掌握网络知识的信心；三是以身作则，要求孩子不做的自己一定不能做，网上网下都一样。

养成良好的习惯

父母不要以为自己全神贯注地玩手机不会给孩子带来什么影响，孩子很容易就能够感知到，并且会变得暴躁易怒。所以父母首先要有一个良好的电子产品使用习惯。例如，吃饭时或驾车时不看手机，并在家里设置"没有电子设备的空间"，比如卧室。

吃饭时不许拿手机，一家人坐一起好好聊聊天，这对于孩子的长期发展非常重要，父母也会从中受益，面对面地和家人交流会使亲情纽带更加牢固。而不在卧室里使用电子产品，也会有助于睡眠。

为孩子提供"第一道防线"

孩子的电子设备上的应用程序需要父母提前进行过滤，选择那些高质量的媒体与应用。并且鼓励、引导孩子成为有所选择的使用者，而不是被动的用户。

定期与孩子探讨它们

时常与孩子探讨一下他们曾看到的内容、接收到的信息，并且鼓励他们去进一步质疑和思考这些信息。当与孩子探讨关于社交媒体的话题时，千万不要采取"对抗性"的态度。父母首先要理解和接受不同年代的人使用技术的方式是有差异的，才能够真正地与孩子进行沟通。

如有需要，请寻求专家帮助

如果发现孩子的网络行为有很严重的负面问题，例如，极大地影响孩子的精神健康、与家人的关系，或是严重影响学习成绩，而父母又不知如何是好，请及时向心理治疗师等专业人士寻求帮助。

总之，认识到社交媒体的好处可以帮助父母认识和理解技术对孩子的吸引力，思考如何积极利用这些网络空间的潜在价值，和孩子探讨如何使用社交媒体。这个世界永远不可能倒退回没有网络的时代，所以让我们积极地去寻找更好的应对方式吧。

制定规则，教孩子学会自我管理

使用电子产品最让父母担心的就是，孩子长时间使用对其视力和学习造成影响，遇到自制力差一点的孩子，父母不得不"暴力"制止：关电源、抢电脑、吼一场、打一顿。没有规矩不成方圆，想让孩子遵守规则，最好的方法就是让他成为规则的建立者。在孩子一开始接触电子游戏的时候，父母就要与孩子一起设立规则：多久玩一次、每次玩多长时间、什么时间玩，比如，只能周末玩，在完成自己的作业、不影响正常作息的时候玩，等等，这也是教孩子练习自控力的好机会。

在制定规则之前，父母可以邀请孩子与全家人一起展开讨论，为电子产品做一次深度的"科普"：电子产品是怎么诞生的？电子产品对我们的生活有哪些帮助？又存在哪些危险？使用电子产品有哪些注意事项？通过讨论，有了基本认知以后，父母和孩子的理念达成了一致，再去制定规则就是水到渠成的事了，而且作为规则的制定者，孩子会比父母更清楚自己的界限。这样做不仅可以帮助孩子养成规范使用电子产品的习惯，同时，当孩子不听管教时，父母也可以引导孩子去查看规则，管教起来有章可循。对低龄儿童，要以建立习惯和规则为主；而对大龄儿童，还要配合沟通交流。

控制并合理规划孩子的屏幕时间

父母可以评估一下自家孩子每天的屏幕时间是否过长，孩子是否需要父母帮助确定合理的屏幕时间。

> 英国医学家协会的健康指南是这样建议的：
> 孩子出生至两周岁：建议不要让孩子接触屏幕。
> 两周岁至5周岁：每天最多1小时。
> 5周岁至18周岁：每天最多两小时。

但实际上，现在的孩子每天接触屏幕的时间是很长的。父母要注意，如果孩子每次玩了之后，在把电视、电脑关掉的那一刻，在把平板电脑、手机收起来的那一刻，他很平静，那么您的孩子做得非常好，您作为父母也做得非常好。如果您的孩子超出了上面建议的时间，而且每次在关掉屏幕的时候都非常不开心，甚至哭闹，这时，孩子就需要父母的帮忙，帮孩子学会管理好屏幕时间。

为什么要给孩子设定合理的屏幕时间

①过长的屏幕时间，对眼睛不好，容易导致近视

②过长的屏幕时间，对大脑有很多负面影响

尽管从表面上看，孩子眼盯着屏幕，看似很专注，可是屏幕上一会儿冒出一条消息或一则广告，处处在分散着孩子的注意力。另一个极端是过度专注。孩子在玩电子游戏时，当父母提醒他们还有 5 分钟时，他们好像根本听不到父母的话，因为他们的大脑过度沉迷于游戏，对周围的环境置之不理。很多游戏吸引着孩子一级又一级、不肯罢休地进行下一轮"挑战"，浪费了孩子宝贵的学习和运动时间。

更严重的是，在屏幕上，只要不停地用手指点呀点，就可以升级，这使孩子开始抗拒写作业、练琴等本应该做的事情，因为这些事情需要付出真正的努力。可是，头脑中习惯了轻而易举就可以升级的电子游戏的孩子们，不肯、不愿付出更多的努力。久而久之，孩子的学业下滑，琴技没有长进。

电脑或平板电脑上的一些教育游戏，虽说在一定程度上能够帮助孩子学习，但其实并没有想象得那么有效。真正的学习，还

是应该来自真实生活中老师、父母的讲授。这些游戏给到孩子的大多是短暂记忆，长期来看，孩子可能只是对花花绿绿的屏幕颜色和不停地点击感兴趣，其实并不能真正学到知识，并不能学到如何实际运用。

③过长的屏幕时间，严重影响孩子肢体方面的发展

大家都知道，运动使人健康、强壮。久坐在屏幕面前，孩子运动的时间自然就减少了，从而造成孩子在各种体育活动中协调性差，包括跑步、蹦跳、骑车、踢球等。孩子缺乏运动，抵抗力下降，从而导致容易生病。各种体育锻炼会消耗孩子体内的肾上腺素，让他们更平静。

④过长的屏幕时间，严重影响孩子的社交能力

各种社交软件使得人们可以保持随时交流。可是，如果孩子长期大量借助于屏幕和他人交流，而不是参加各种活动和真实的人们交流，你会发现，当他面对老师、朋友的时候，很可能不敢或不会看别人的眼睛，可能会低着头，可能会眼盯着一个角落。

屏幕社交缺乏和他人的交流过程中最重要的一个部分——目光接触。当然，借助于视频可能会弥补这一缺陷，但是视频聊天与真实会面还是很不同的。

⑤**过长的屏幕时间，会让孩子变得暴躁**

孩子如果沉迷于屏幕，在屏幕被关掉的那一刻，他会很生气，甚至会变得非常暴躁，尤其是当他们对一些暴力游戏玩得太久的时候。我们会发现，他和之前那个乖巧的孩子迥然两人。生活中不乏这样的例子。而且我们发现，父母退让、允许得越多，孩子要得就更多，然后一步步陷入了一个恶性循环。

如何设置屏幕时间

当父母已经下定决心要对孩子的屏幕时间进行改变的时候，请坚持自己所做的决定，并且设置屏幕时间的计时器，而且父母双方意见要统一。

①**请父母先把手机放下**

当父母想要给孩子设定规则的时候，自己应该首先做出榜样。榜样的力量是无穷的，当想要帮助孩子设定合理的屏幕时间时，作为父母，请先把手机放下。

②**请提前几天告诉孩子新的屏幕时间管理规则**

可以在周五晚上告诉他，从下周一开始，我们要开始更合理地使用屏幕时间。这可以让孩子提前做好心理准备，不至于显得太突兀。

③请在家将每周的某一天或几天设为无屏幕日,工作、学习需要除外;请有意识地给孩子安排其他活动

在这一天或几天的时间里,在家里,大人、孩子都不接触屏幕,而是一起享受美好的家庭时光:可以和孩子聊聊天,一起到户外走一走,一起看看书,一起做做家务,一起做做运动。这些对孩子的健康成长有着非常重要的作用。孩子转眼就长大,趁他们年纪小,还在父母身边,一起做些值得将来回忆的事情吧。

当屏幕被移除之后,许多问题会自动消失,这已经被很多家庭的实践所证实。有很多家庭,周一至周五没有屏幕时间,周末会给孩子半小时或1小时,有的家庭甚至周末也没有屏幕时间。这些家庭的孩子是怎么样的呢?会不如有屏幕时间的孩子快乐吗?答案恰恰相反,这些孩子更加健康、自信、快乐,因为他们有更多的时间和父母、朋友真实地交流,有更多的时间阅读大量的书籍,有更多的时间运动,有更多的时间学习音乐,可以弹出更动听的曲子。

④请确保用餐时、练琴时、写作业时、读书时没有屏幕时间

这可以使孩子可以愉快地用餐,可以借此机会和家人聊聊天;之后能专心地做事情,包括练琴、写作业、读书等。

⑤请尽可能把各种屏幕移出卧室

这样才能尽力保证安静入睡,保证睡眠质量。

⑥管理屏幕时间,设定两个计时器

一个计时器是孩子的,另一个是父母的。当还有5分钟时,父母去提醒孩子还有5分钟,要确保孩子听到了父母的提醒,并坐在他们身边,提醒他们还有4分钟、3分钟、两分钟、1分钟、时间到,然后微笑着、平静地要求他

把平板电脑递给父母。这在最初几次很可能不会成功，孩子会紧抱着平板电脑不放，或者会抱怨父母打扰了他的游戏时间，这时父母要足够镇定，告诉他如果他继续哭闹、不能遵守规则的话，那么下次的屏幕时间就取消，而且说到做到。

⑦多聆听孩子

当他们的屏幕时间被管理了，父母要让他们表达出内心的不安、生气，接受他们的情绪，甚至可以轻声附和他们的感受。当孩子感到被理解之后，他们会变得越来越不容易生气。

⑧多表扬孩子的进步，哪怕只是一点点，可给予一些小小的奖励

⑨在家里设置手机放置盒

很多中学要求学生到了学校要把手机锁在自己的小箱子里，放学的时候才可以取出来。这对学生专心学习非常有用。同样的方法，可在家里设置手机放置盒，回到家就把手机放进去。等写完作业之后，可以有几分钟看一下是否有消息，然后再把手机放回到盒子里。之后的时光，可以读书、做家务，和父母、兄弟姐妹聊天等，然后睡觉休息。

⑩培养孩子有自己的主见

这意味着孩子有自己的看法和处事原则，这将帮助他们在屏幕使用上较少受同学、朋友的影响，不会朋友玩什么他也要玩什么。要知道，每个孩子都是不同的，每个家庭也都是不同的。

融入孩子的网络生活，和孩子一起分享

榜样的力量是无穷的，父母必须先把自己打造成一个负责任的电子产品使用模范。其实相比孩子，父母使用手机更容易"上瘾"，下班回到家在孩子面前，父母有多少时间是在接打电话、浏览网页、玩微信、看抖音呢？甚至还有部分父母喜欢边看电视边做家务，或者一边敷衍回答孩子的问题，一边眼睛盯着手机屏幕。这些都是在给孩子做错误的示范。

在孩子使用电子产品的过程中，建议父母陪在孩子身边。一方面，有利于父母了解孩子的游戏活动和兴趣爱好，培养更多的共同话题；另一方面，当父母遇到困惑的育儿难题时，也可以引用动画片、游戏中的情节来开导孩子。比如，孩子换牙时，可以聊一聊《小猪佩奇》中的故事"牙仙子"；孩子遇到困难时，帮他"召唤"一下《小狗汪汪队》；孩子对空乘、消防员等职业特别感兴趣时，可以看一看亿童情商智商课程中的《职业体验馆》。同时，父母也要让孩子意识到，他现在还小，在使用电子产品方面还不能完全做主，父母是有责任来监护孩子的使用行为的。

培养孩子的网络安全意识

随着信息技术的发展,网络已经成为孩子了解世界、联系外界的重要媒介,并逐渐成为学习生活中不可或缺的工具。但是网络的各种不安全因素也日益凸显,如网络诈骗、隐私泄露、不健康信息传播等,都影响着孩子的健康成长。那么父母可以怎样做来提高孩子的网络安全意识呢?

定期查杀病毒

应养成定期查杀病毒、定期给电脑修补漏洞的习惯,主要做好如下几点:

① 安装正版杀毒软件、个人防火墙和上网安全助手,并及时升级;

② 使用带有漏洞修复功能的软件,定时打好补丁,弥补系统漏洞;

③ 不接收 QQ、微信等传来的可疑文件;

④ 上网时打开杀毒软件的网页监控功能,检测网页病毒。

确保密码安全,谨防密码被盗

犯罪嫌疑人主要通过三种方式盗取投资者的账号密码:一是

木马盗码，通过网站漏洞把盗号木马病毒挂上网站，达到窃取他人账号和密码的目的；二是偷窥盗码，犯罪嫌疑人偷听客户谈话，或偷窥到客户记载的账号和密码；三是职务盗码，有些投资者会委托专业人员为其操作期货账户，在委托结束后并未修改密码，专业人员将账户密码非法交易给他人。

养成良好习惯，勿上非法网站

在上网的过程中，不要随意打开一些不健康网页，比如，某些网页上的小弹窗之类的，或者是自己搜索的一些不健康网页，全部要避免打开。

不要结交陌生网友

陌生网友是最不值得信任的，所以不要去主动结交一些陌生网友，就算是被动，也最好不要结交。

不在网络上透露个人信息或朋友、家人信息

网络是一个信息传递非常迅速的平台，所以在网络上不要随意透露或者被人故意套出自己的个人信息。除了自己的个人信息不透露之外，朋友、家人的信息也是不能随意透露的。

和陌生人聊天警惕财产信息

如果孩子在网上有和陌生人聊天的习惯，那么一定要注意不要和陌生人聊得太深入。如果对方问孩子银行卡、验证码或一些其他的财产信息，一定要注意。

不要相信有掉馅饼的好事

天底下是不会有掉馅饼的好事的，所以，踏踏实实最重要。

告诉孩子网上行为同样需承担法律后果

现在互联网比较发达，大家习惯了披着各种各样的"马甲"活跃于各大社交网站，畅所欲言，开启匿名随意谩骂、讽刺很多事情都不需要承担法律责任。由于大家法律意识的缺乏，感觉自己可以在网络上随意发言，实际上并不是的，也是需要承担法律责任的。

网络骂人，需要承担民事责任

法律规定，每个自然人是享有名誉权的。在网络上对他人的辱骂，实际上是侵犯他人名誉权的行为，根据《中华人民共和国侵权责任法》第三十六条规定："网络用户、网络服务提供者利用网络侵害他人民事权益的，应当承担侵权责任。"《关于维护互联网案例的决定》规定："利用互联网侵犯他人合法权益，构成民事侵权的，依法承担民事责任。"名誉权是很重要的一项民事权利，网络侵权同样是侵权。

网络骂人，需要承担行政责任

根据公安部《计算机信息网络互联网安全保护管理办法》第二十条的规定，对网上骂人者，将由公安机关给予警告，有违法所得的，没收违法所得，对个人可以并处五千元以下的罚款；构成违反治安管理行为的，依照《治安管理条例》的规定处罚。

根据《中华人民共和国治安管理处罚法》第四十二条：有下列行为之一的，处五日以下拘留或者五百元以下罚款；情节较重的，处五日以上、十日以下拘留，可以并处五百元以下罚款：

（一）写恐吓信或者以其他方法威胁他人人身安全的；

（二）公然侮辱他人或者捏造事实诽谤他人的；

（三）捏造事实诬告陷害他人，企图使他人受到刑事追究或者治安管理处罚的；

（四）对证人及其近亲属进行威胁、侮辱、殴打或者打击报复的；

（五）多次发送淫秽、侮辱、恐吓或者其他信息，干扰他人正常生活的；

（六）偷窥、偷拍、窃听、散布他人隐私的。

网络骂人，需要承担刑事责任

网络骂人还有可能会涉嫌刑法上的侮辱罪、诽谤罪。根据《刑法》第二百四十六条的规定：以暴力或者其他方法公然侮辱他人或者捏造事实诽谤他人，情节严重的，处三年以下有期徒刑、拘役、管制或者剥夺政治权利。

网络不是法外之地，在网络上也要注意自己的言行，如果触犯了法律，也要受到相应的处罚。

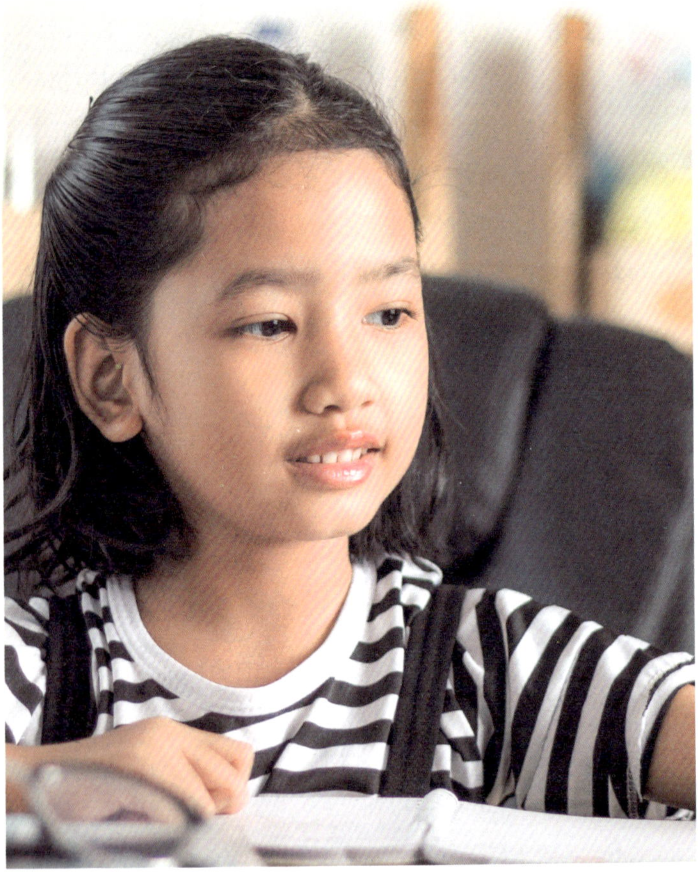

第五章

让网络的力量正面影响孩子

新媒体环境下,父母如何为孩子在屏幕世界中导航,使之在网络社会中健康成长,并提升学习和生活质量,是时代的要求,也是社会的需求。请广大父母和孩子一起学习,用正面管教的方法,陪伴并指导孩子科学使用网络工具,收获网络正能量。让网络成为家庭育儿的得力助手,成为孩子成长路上的良师益友。

陪伴成长，做网络时代的榜样父母

网络时代对父母、对教育都提出了很多挑战，孩子获得信息的渠道多了，孩子的表达能力不一样了，孩子对信息的辨别能力和以前不同了，孩子的价值观、思想观不是被动引导了，因此，今天父母、老师的责任更大、难度更大。如果父母没有和孩子更早、更好地交流，更好地建立起健康亲密的关系，没有让亲子关系大于媒介关系，那么孩子就会跟着媒介走，不跟父母走，父母的教育主导权就丧失了，更谈不上教育了。

全面了解孩子

在这样的一个数字新媒介时代，父母更需要全面了解孩子、了解这一代人。不但要了解他们现实世界的生活，而且要了解他们的屏幕生活、数字轨迹；还要学会约定，面对矛盾冲突时，父母要多跟孩子协商，把想法拿出来跟孩子一起分享、沟通、交流。

同时，父母需要重新研究一下孩子面向新世纪的核心能力构建，特别是在信息知识社会、技术飞速变革的时代，他们需要什么能力。比如，孩子面临各种诱惑的自控能力，面对碎片化状态下的专注能力，在线的、跨文化的交流能力，面对多元信息的辨识和判断力。

最关键的是——反省。父母要经常问自己：我们要求孩子做到的，自己做到了吗？今天世界上最远的距离不是生和死的距离，而是我们坐在一起却各自玩着手机？但是你环顾周围，多少父母在陪着孩子的时候看着自己的手机。多少父母把教育的任务"外包"，甚至让手机、平板电脑来充当"电子保姆"？所以在这样一个充满诱惑以及技术变革的时代，父母的示范作用变得比以往更加重要。我们要在这个数字时代中学习如何做榜样父母，同时还要和孩子一起面对这样一个变化的、不确定的世界。

比起网络，孩子更需要父母的陪伴

电脑、手机等给孩子带来丰富多彩的世界，但孩子其实更需要的是父母的陪伴。谈到亲子陪伴，许多父母都会说，就是多陪孩子玩儿呗！没跟孩子分居两地，肯花钱给孩子买好吃的、好喝的、好的玩具，带孩子出行游玩见世面，陪孩子读书……能做到

这些的父母值得肯定，但与孩子"在一起"就等于陪伴吗？显然远远不够。亲子陪伴不是目标，只是方法和途径。

父母跟孩子交流的时长对孩子的媒介信息处理能力是有正向影响的。这里的"交流"，指的不是陪伴时长，而是父母和孩子能够就一个新媒体信息或者某个话题进行讨论，让孩子在跟父母沟通的过程中，确立对世界、对事物的正确判断和应有的反思能力。

沟通与陪伴不是一回事，为了实现亲子的有效互动，仅仅谈陪伴是不够的。陪伴孩子共同娱乐、共同游戏、共同学习固然是很重要的，但是对很多父母来讲，绝对陪伴时长的实现是不现实的。很多父母没法全职陪孩子，什么人能够全职陪孩子？全职妈妈或许可以，但全职妈妈带孩子的效果就一定好吗？

陪伴是在同一时空的共处，但交流可能是跨时空的。比如，父母在出差的时候，给孩子就一个名胜古迹做一个小小的视频直播，或者每天给孩子打电话交流几个问题，这种沟通也是很重要的事情。

教育学有这样一句话："三流的妈妈做保姆，二流的妈妈做交流，一流的妈妈做榜样。"做保姆的妈妈在共同时空陪伴下的绝对时长是最长的，但往往陪来陪去成了"仇人"，孩子烦得不得了。教练型的妈妈是指导孩子练琴、指导孩子做题，但在精神成长上，不见得就能在多大程度上帮到孩子。

榜样型的妈妈是什么？榜样型的妈妈或许是三种类型中陪伴时间最少的，但她有一种自律意识，她能为自己的行为买单，能够明辨是非，能够完成生命的成长。榜样型的妈妈带出来的孩子人格上能够独立，从小可以为自己的行为买单，能够在进取中跟母亲完成多元的交流互动，即使这种交流互动可能是不同时空的。

父母大可不必因为陪不了孩子而心存愧疚，无效陪伴（父母和孩子长期在一个空间里面但互不交流，父母根本不了解每天都见面的孩子）与交流是两回事，要强调陪伴中的有效陪伴。在父母不能够跟孩子共时空的时候，要通过其他的方式实现交流。

首先，不管多忙，都要享受亲子时光。

其次，要提供有质量的亲子陪伴。如果父母每天都板着脸陪孩子，反而给孩子焦虑感，这不是高质量的陪伴。要把很短的时间过出质量来，每个人要有主动性，而不是被动地受教育。

交流多了、表达痛快了，这才是有质量的陪伴。

给孩子准备一台电脑，与孩子一起上网

网络对我们来说，既是一种休闲方式，也是一种学习方式，还是一种交往方式。和孩子一起上网是一种亲子交流，可以加深孩子与父母之间的感情，也可以有效监督孩子的上网情况。当孩子因为辨别意识不强，不小心登录了色情、暴力网站时，父母可以及时引导和教育孩子。

网络是一个知识的海洋，和孩子一起上网，教孩子怎样查资料、怎样看新闻，对孩子获取新知识很有帮助。同时，网上的游戏和趣事能起到放松身心的作用。

有些父母对电脑一窍不通或一知半解，孩子觉得父母很落伍，因此不太愿意和父母一起上网。这样一来，父母想和孩子一起上网也难以实现。

孩子跟电脑交流，面对的是冷冷的机器，如果没有父母陪伴，孩子的心灵会逐渐被冷漠吞噬，在待人接物方面也易变得无所适从。

网络本身是中性的，它之所以产生积极或消极的作用，完全取决于上网者自身如何对待网络。因此，最好的方法就是父母和孩子一起上网，互相学习、互相监督，一味地禁止只会让孩子产生逆反心理。

手机不是入侵者，正确使用很重要

在这个浮躁又功利的社会，很多焦灼的父母把孩子的成绩当成衡量孩子好坏的标准，并以"爱"和"为孩子好"的名义给孩子施加越来越多的压力和束缚。这些压力和高要求在不断地刺激着孩子，长期的压抑和自我否定会让孩子不堪重负，备受煎熬而又无人诉说。

手机给孩子营造出一个虚幻世界，那里不用费力沟通，不用花心思社交，没有学习压力。手机帮孩子把问题排除在意识之外，只要手机在手，孩子就能换得片刻的解脱。而且手机里的世界可以自由主宰，孩子能得到在现实生活中不能得到的成就感和掌控感。于是手机成了孩子的情感寄托和心理依靠。一旦夺走他的手机，就等同于夺走他的身份、他的社交关系，以及他少有的成就感获得来源。

手机被剥夺，那些被掩饰在平静生活下的问题就会以自残、自杀的形式爆发出来。所以父母请不要以爱为名，把自己和孩子困在"成绩至上"的牢笼里。要看到孩子的优点与长处，认可孩子的努力与付出，让孩子体会到自己是个有价值的人，形成对自我价值的认可。

父母的爱与自我价值的认可，才能让孩子在面临接踵而至的各式问题，以及沮丧、悲哀、痛苦、内疚、懊恼、恐惧、焦虑等精神打击时，有勇气、有力量去挑战苦难，去解决问题，而不是自暴自弃。

那么，如果孩子现在已经使用手机时长过多了，父母又该如何处理呢？

全球儿童安全组织曾经对此有发文提醒，和青春期的孩子沟通，父母需要做功课，要注意：沟通不是教育，是平等交流；适度关心孩子，了解他们的压力；解决方案不是断流，而是疏导。

平等沟通是前提

当发现孩子玩手机时间过多或接到孩子在校违规使用的告状电话，父母往往会怒不可遏，对孩子批评、辱骂、威胁、恐吓，甚至是掌掴与脚踢。然而这不是教育，这只是父母自己不满与怨愤的情绪发泄。

高高在上的批评指责很容易招致不满和怨恨，不仅无助于孩子的成长，还会加剧亲子冲突。缺少爱与温情的教育，只会招来孩子的顶撞、反抗以及极端的自残、自杀行为。

用温暖又平等的方式去和孩子沟通，才能让孩子愿意听、愿意说，冷漠和伤害才会远离孩子，手机才不会成为孩子的避难所和收容地。

关心孩子是关键

父母爱孩子，所以努力想创造更多的物质基础，给孩子提供更高更好的平台。然而事实是，孩子需要父母付出更多的时间和精力去照顾和陪伴。如果不把精力和时间用在孩子身上，父母就无法深入了解孩子的个性、能力和需要，也就不能对症下药地予以教育，并找到教育他们的正确方式。

有些父母自己也是手机时刻不离手，是"手机癌"的重度患者。孩子除了觉得手机比自己重要外，也会模仿父母的做法。而立身不正更使父母的说服教育成为一个笑话。

研究表明，父母在工作之余，多花些时间，高质而专注地陪伴，孩子就不会总想玩手机。父母的爱与陪伴让孩子不再孤独、不再无助，是将孩子从手机的掌控中夺回来的最有力武器。

疏导不断流是最佳方案

研究发现，大多数中小学生的自杀具有突发性，过程短暂，常常是由于在某个时间点上突然的意志力崩溃或一时冲动。

面对孩子的手机使用问题，大多数父母会着急上火，于是采取没收、砸毁、严厉禁止的粗暴做法。这种做法对已经习惯了手机陪伴、形成一定精神依赖的孩子来说，是非常大的打击，就容易出现一时冲动的自杀、自残行为。

所以断不如疏，与孩子一起制定手机使用规则和时间，慢慢引导孩子逐步地把更多的时间精力花在阅读、学习、运动、音乐等感兴趣的事情上，从现实生活中获得成就感和价值认同感，孩子才不会沉迷于手机。

聪明又厉害的人工智能"小助手"

人工智能就是我们常说的AI，这是一种新的技术科学。常见的人工智能应用领域有语音识别、图像识别、自然语言处理、专家系统、机器人等。总体而言，人工智能开发目的是让电脑帮助人类完成一些事情，达到高效、安全等目的。显然，手机中的个人助理是离我们生活最近的人工智能。

目前，只要有一款智能手机，里面都会有人工智能软件个人助理。

奇妙的虚拟现实世界，激发孩子好奇心与探索欲

孩子们的世界拥有无限的想象力，他们对世界的认知充满了好奇心和乐趣感，在接触新鲜事物方面愿意不断尝试，所以孩子接受虚拟现实的能力比成人更强。

AR技术（增强现实的简称）给儿童提供的交互式教育产品，主要是图书、卡片、益智类玩具等，内容覆盖人文、自然、动物、植物、地理、历史等多方面的科普型知识。AR沉浸式体验对于儿童来说有足够大的吸引力，而这个学习的过程并非灌输式而是游戏化的，很容易激发儿童无意识的记忆，比书本记忆更为持久。在未来，我们会看到更多AR技术下的系列化儿童产品的出现。

VR（虚拟现实）产品方面的表现后劲不足，但有很大的发展潜力。其主要围绕场景化、沉浸感、交互式、趣味性的产品体验，市场上VR产品内容匮乏，且缺少巨头的存在，再加上硬件、技术、内容、平台等方面的原因，AR比VR更领先于儿童教育领域。

AR/VR技术将知识点以任务的形式进行学习竞赛，在各科目中以虚拟金币的方式兑换成商品给予孩子奖励，将枯燥的知识游戏化、具象化；直观化，以增强孩子的学习兴趣，从而让孩子更容易接受教学主题和内容。未来需要更具有沉浸感、交互性、直播等属性的虚拟现实教学工具，以提高儿童教育的主动性，并更好地进行知识理解和吸收，提高教学效果。

AR在教育领域显得更为积极。孩子头戴轻量级AR虚拟现实眼镜，实现在家里"面对面"地和虚拟构成的家庭教师沟通。同时，在眼前可以展示虚拟的物体，比如太阳系，让学习更便捷、直观、随时随地。

另一种AR技术则是通过手机来实现虚拟3D物体的展示，即伪虚拟现实叠加。例如，通过手机屏幕对准课本，便可以从手机上看到课本中的事物从书中"走"出来，活灵活现地展示相关内容、进行互动。这一技术应用已经比较成熟，市场上也已经普及了这类AR课本产品。

但是在VR技术方面，如果不彻底解决VR设备对儿童的身体系统的影响、解决头戴式的不便捷状态、解决适合儿童使用的标准交互设备，并推出大量系统化教育内容，基本不可能普及应用到家庭教育，只能是偶尔地体验。

信息检索：提升孩子获取和利用网络信息的能力

在这个互联网高速发展的信息时代，信息广泛渗透到科技、文化、经济的各个学科领域以及人类生活的各个方面。正如18世纪英国文豪、辞典编撰家塞缪尔·约翰逊所言："知识有两类，一类是我们自己知道的，另一类是我们知道在什么地方可以找到。"随着互联网的迅猛发展，网络上充斥着大量良莠不齐的信息，快速、有效、经济地获取与自身需求相关的有用信息，已经成为当代孩子们一项不可或缺的基本技能。

阅读标题和开头

在打开一个网页后，先看看整个页面是如何组成的，很多学习类网站页面的上面或者两边会有不同的栏目，有的文章或资料会从属于上一级栏目，上一级栏目里还常会有类似或相关的资料。因此要特别注意和关心这些栏目，里面会有与页面、学习任务或阅读材料相关的信息，常常能在搜寻资料时顺藤摸瓜，找到更多的信息和资料。

在阅读中使用光标浏览

网络时代的信息体现了传播速度快和总量增速快的特点，因此孩子缺的不是信息，而是选择信息的方法。在将关键词输入搜索引擎时，常常会有成千上万条有关的页面出现，所以在打开页面时，不需要非常仔细地去阅读每个网页上的信息，而是快速地浏览，尽快去确定和了解到网页的主要内容。

决定是否继续阅读这个网页

如果在网页阅读中，发现了和孩子学习任务有关的信息，就继续而且要仔细地阅读。如果页面上有许多栏目的话，仔细研究这些栏目的内容和关系，研究整个网站是如何设计的，与孩子所学习的内容或要完成的任务有什么关系。

从左边到右边、从上边到下边，所有的栏目不要遗漏，一级栏目里隐藏着很多资料，也会衍生更多的栏目，如二级、三级等。栏目越多，意味着信息或资料越多。

如果找不到孩子所需要的资料，那就离开当前网站，去另一个网站或页面，继续搜索资料，直到找到为止。

打印页面

当发现浏览的页面非常有用，有助于研究或者学习时，可以让孩子将其打印下来。文字阅读比电脑阅读更容易确定或收集细节，必要的话还可以将重点的内容划下来，而且阅读也比较容易，不易分心和疲劳，更能集中注意力。也可以将网站的地址标注，以便需要的时候再次浏览。

建立自己的网站目录

要求孩子将有用的网页地址或者确定资源的位置及访问方法（URL）复制下来，也可以将它们放在网站收藏夹里，这样需要时便可迅速打开网页。如果有可能的话，找到资料的作者和题目，在材料或报告上写上作者，表明"引用或注释"，还要尽可能地知道文章或材料出版的时间，看看是不是最新的研究成果。

父母还可以教孩子了解网站的基本知识，如识别字代码，com 代表了商业组织和公司，net 代表了网络服务商，org 代表了非营利组织，int 代表了国际组织，edu 代表了教研机构，gov 代表了政府部门，mil 代表了军事机构，等等。孩子在搜索信息或资料可以优先登录专业或权威的网页，找到合适且正确的资料。

教会孩子用网络正确、高效和合理地收集及处理信息是非常重要的一课。

在线学习，或更能激起孩子的学习兴趣

在线学习能抓住孩子的好奇心

孩子最不缺的就是好奇心，他们刚刚加入这个世界，什么都不知道，什么都不懂，他们的眼睛里充满了一万个"为什么"、一万个"这是什么，那是什么"。好奇心系统可以说是一个兴趣雷达，在雷达探索范围内，不断反馈给大脑，学习才会更有效。

也就是说，只有在引发孩子们的好奇心之后，让他们在已有的认知范围内去主动获取问题的答案。体会到解决问题的愉悦感，他们才会知道，学习原来是件好玩的事。比如，一个孩子十分喜欢看图画，父母就可以借助孩子的好奇心，找一些吸引力强的图画，但是上面是英文解释，这样孩子就会想去知道这是什么意思，就开始对英语有了兴趣。

用好奇心激发兴趣，让孩子渴望知识，主动去探索学习，那么学习对于孩子来说就不会是痛苦之源，而是不断激发探索欲望的动力引擎。

让孩子玩起来

爱玩是孩子的天性，如果能够让孩子的天性得到释放，把孩子的"玩"发挥到激发学习兴趣上,这就非常厉害了。比如,在英语学习上,如果父母说"开始学习了",孩子们估计没什么兴致,效率也不会很高,但如果父母说"让我们来玩吧",孩子一定会马上跳起,父母可以和孩子一起限定一个范围,比如,客厅、餐厅、花园等。

然后父母和孩子坐在一起,找到一个物品,用语言进行描述,比如,物品的颜色、大小、位置等特征,也可以用肢体动作来辅助孩子理解,让孩子猜一猜是什么东西,说出英文和中文名称,或者指出来。当孩子对游戏规则熟悉之后,父母可与孩子变换游戏角色,让孩子描述一个物品,父母来猜。

当然,不仅是这一种游戏,也可以说故事、可以角色扮演等等。在玩乐中一旦产生了兴趣,当孩子进入学习中,就会把这种兴趣代入进去——游戏和学习互相促进,就自然提高了孩子的学习兴趣。

网上视听，既能娱乐也能学习

现在的播放软件非常多，但是不同家庭成员对观影的需求并不同。如果家中有孩子，要考虑适合孩子观看的影视软件；而家中长辈则可能更倾向于新闻、戏曲，以及一些具有年代情怀的影视剧。因此，父母可以选择比较适合的视听软件，做到老少皆宜。

现在的很多 TV（电视）端都涵盖电影、综艺、资讯短片、奇趣短片、少儿、动漫、戏曲等多类视频内容，并实时更新。电影包含院线大片、VIP 电影、亿元票房、电影聚焦点、猜你喜欢等多维度类目；电视剧罗列出国产剧、美剧、韩剧等多国精彩剧集；在综艺栏目里，有相声、小品、卫视强档、萌娃宝贝、娱乐八卦等观众喜爱的节目。总体上，它覆盖了当下年轻一代的喜好和观看类型。

而在少儿方面，设置了有趣、活泼的少儿频道，通过电视看动画、听儿歌以及学知识完全没问题，为孩子提供了一个既能娱乐又能学习的天地。有的还具有闹钟功能，贴心地为宝妈们设置孩子的观看时间，让孩子娱乐、学习、休息三不误。

适度游戏,缓解学业压力

父母老是批评孩子爱玩,实际上,爱玩是人的天性,不管是孩子还是大人,谁也逃不了爱玩的天性。爱玩并没有错,也不应该因此而受到批评和惩罚,作为父母来说,面对孩子总玩游戏的情况,最佳的方式不是批评,而是正确引导。

父母应关注孩子真正的心理需求

电子游戏本身确实有吸引孩子的强大魔力,它能训练孩子的专注和思维,对孩子有一定的益处。要想完全杜绝电子游戏是不可能的,父母所能做的是引导孩子有节制地玩。当孩子在现实生活中无法得到游戏中取得的成就感和满足感,并且在生活中集体感、社交感缺失时,就容易逃避现实与自我隐藏。

端正态度,不要恐惧游戏,承认爱玩是一种天性

最近几年电子游戏的发展势头非常猛烈,父母应当放松心态,电子游戏是娱乐方式之一,不能一味地禁止,只是高科技的工具之一。父母一定不要用粗暴的语言制止孩子,当孩子正在兴头上,父母越粗暴,孩子越逆反,甚至会真的沉迷其中而不能自拔。父母可以心平气和地和孩子聊聊关于游戏的事,甚至可以和孩子一起分享游戏的快乐。

严格把控时间，在尊重孩子的同时要求孩子尊重约定，奖罚分明。

游戏只是娱乐方式之一，既然是娱乐，那自然是父母完成工作后才能玩手机，孩子在完成作业后才能玩游戏。与孩子提前沟通好条件，当达到约定的条件后，约定好时间，比如，15～20分钟，然后安一个计时器，以建立时间观念，时间到了就关掉。当孩子做到后给予鼓励，通过鼓励来规范孩子的行为。限定场景，比如，吃饭及睡觉前不允许接触游戏，这同时也是对父母的要求。同时，要帮助孩子合理安排时间。

转移兴趣爱好，培养并拓展孩子的兴趣

要想让孩子放弃一个不好的爱好，最好的方法就是给他建立一个好的爱好，让他的注意力得以转移。陪伴孩子寻找生活中的乐趣及成就感，多让他接触有趣好玩的事情，不然他只会觉得，除了游戏，没有什么是好玩的。而父母要做得更多的是花时间亲身陪伴，并一起寻找。珍惜与孩子的亲子时光，多陪伴才能多感情。比如，爬山、踢球、逛博物馆、阅读等，带孩子痛快地玩，让快乐充满孩子的内心，这个时候孩子就不需要通过游戏去寻找满足感了。

培养孩子读书的兴趣，让孩子在广泛的阅读中开阔视野，树立正确的价值观，那么在接触到电子游戏之后他一定会自觉，即使暂时沉迷，也会渐渐地改正过来。

巧妙利用游戏，拉近关系

当玩完游戏后，父母要注意把虚拟世界与现实生活联系起来，把孩子对虚拟游戏的兴趣迁移到现实生活中。比如，孩子玩了王者荣耀后，刚用了项羽这个英雄，那么我们来学一些"项羽"的历史典故吧，把游戏自然地联系到历史知识。或者父母还可以与孩子一起扮演英雄角色。

合适的"朋友圈"可以提升孩子的学习和生活质量

不是只有学习才重要

中国青年报社社会调查中心联合问卷网对 2014 名受访者进行的一项调查显示，65.9% 的受访者认为孩子只要学习好，其他的事情都可以不做。但在孩子的关键期，例如，高考前的几个月，父母这样做本无可厚非，但如果从小到大一直都认为孩子只有学习最重要，那就令人担忧了。

虽然学习成绩是未来的敲门砖，但不应该是孩子的一切。近年来"高分低能"现象层出不穷，难道还不足以引起父母的注意吗？在孩子的学习之余，父母要让孩子做简单的家务、学会收拾自己的房间、整理好自己的作业、帮父母做力所能及的事情，这样孩子也可以放松精神。孩子的学习和独立不是不可兼容的，父母需要辩证地看二者的关系。父母需要根据自己的经验去帮助孩子协调好学习和独立做事之间的关系，合理做好对孩子的规划。这样等到孩子以后步入社会，不是空有一张文凭，还有实际做事的能力，自然更有利于孩子的长远发展。

合适的"朋友圈"很重要

英国作家C.S.易斯曾说："友谊不是必需品，就像哲学，就像艺术……它没有生存价值，但它是少数赋予生存以价值的东西之一。"孩子也是社会的个体，他们也需要和成年人一样去独立思考和解决问题，不应该一直在父母的保护伞下成长。孩子在和同龄人玩耍的时候，在面对困难的时候，更能把自己当成是当事人，而不是旁观者，他会有责任和担当，和同伴一起解决问题。与不同的孩子相处，摩擦不可避免，孩子就会遇到各种各样的事情，这也锻炼了孩子的情商。而且孩子有朋友就会有很多精神上的交流，孩子之间的交流更容易相通，因为他们的思维方式更相似。

在线相处有道，教孩子理性面对网络社交

随着社会化的普及，网络社交变得越来越重要。我们在生活中每天都离不开电子产品，它们的存在更像是我们的朋友，给我们的生活带来了不少的便利。倘若我们失去网络社交，在很大程度上是一个很大的损失。有些时候，比如，大家由于工作忙没有时间联系的时候，或者是新认识一个朋友的时候，网络社交是一个非常不错的手段。当然，对待网络我们也要理性，现实生活中的交际也是非常重要的，"双管齐下"的我们会拥有更好的交际网络，人和人之间的关系就是在一次次的联系中得到了加强。

网络社交要重视，规范自己在微信上的行为

网络社交应该作为我们和外界沟通的一个平台。很多时候大家的想法和观点可以发布在网上，就可能收获到很多志同道合的朋友，这是现在很便捷的一种方式。但是我们在利用网络的同时也应该注意自己的言行，每一个能够用公正的眼光发表自己看法的人都是受到欢迎的，而那些只是为了表达自己私愤的人，不仅不利于交际，反而会给别人带来不便。网络社交作为一个平台，能够给我们提供更多的机会，但同时也在告诉我们要做一个理智的人。

不管是网上的交际，还是现实生活中的交流，我们都应该为自己的言行负责，那些非面对面地交际更能够体现一个人的品行。良好的交际在今后的工作中也会是你的一笔看不见的财富，给别人一种舒适的感觉，就好比是在为自己创造另一个世界，所以千万不要小看网络社交，它是更加广阔的世界，会为我们赢得更多的机会，在如今网络发达的社会中，这是一种非常重要的资源。

不要过分依赖网络社交，多多现实接触

网络社交应该是我们所关注的一个方面，但是我们也不应该忽视现实的交际，大家能够在闲暇的时光各自联系、彼此沟通，一起度过美好的时光是最好的。与其在虚拟的世界中聊天，倒不如在现实中多多接触，毕竟一个人的性格不是通过简单的话语就可以体会得到的，每一个人的心境都会发生变化。我们要清楚，现实的接触依旧是我们必须要重视的地方。

鼓励孩子参加各种各样的网络比赛

塑造参与意识,培养积极性和主动性

比赛活动重在参与,孩子参与其中,就会为了提高成绩而积极地准备——学习上主动积极,从而培养了孩子做事积极主动的性格。

塑造竞争意识,促进学习

比赛就有竞争,培养竞争意识,让孩子通过竞争找到差距、不足,从而促进学习。

塑造勇敢的个性,解放天性

比赛活动是有舞台的,孩子站在众人的中央,面对不同的眼神、表情,能够锻炼勇敢的心理,逐渐战胜内心的恐惧,从而更好地培养孩子敢于面对公众、坦然镇静的成熟心态。

学会欣赏,排除嫉妒心理

比赛过程中,要让孩子学会欣赏更加优秀的人,懂得欣赏的目的是对美好事物和人的理解。技不如人是可以接受的,但不要嫉妒,内心不要有失落感。培养孩子健康的心性、宽广的胸怀,不要产生嫉妒心理。

寻找不足,发现并保持优秀的一面

比赛是相互学习交流的过程,即使再好的成绩也会有不足之处。让孩子知道自己的不足之处,也知道自己优秀的地方,不足的要积极改进,优秀的要继续保持,逐步完善,以此教育孩子戒骄戒躁、永无止境的良好心态。

鼓励与分享,让孩子塑造自信的心态

比赛过程很重要,比赛的结果就是对孩子的肯定与鼓励,分享荣誉会让孩子有成就感,而成就感的产生就是自信心产生的开始。自信心是孩子成长中必须具备和保持的一种积极心态。

新媒体时期仍要重视培养孩子的阅读习惯

随着新媒体的发展，青少年的阅读习惯也发生了很大的变化。新媒体阅读成了重要途径，并深入到人们的实际生活当中，对人们的思维观念和生活方式产生了深刻影响。

新媒体为人们带来全新的感官体验，多样化、双向互动、实时化和个性化所呈现出的趋势，正在逐步对人们的阅读行为和方式产生影响。其中，受其影响最大的就是作为网络主力军的青少年。

新媒体对阅读的益处

新媒体内容丰富，传播迅速，信息获取便捷。伴随着网络技术、智能手机的飞速发展和广泛普及，网络会第一时间将第一手信息传播给广大受众，不管受众在哪里，只要手中有一部智能手机，就能第一时间了解到任何地方自己想获得的消息，并且获得信息的速度非常快，内容也较为详尽、丰富，处处彰显新媒体的优势，深受青少年的喜爱。

新媒体的阅读过程交互性强。纸媒的阅读是一个单纯的、静态的接收过程，只能为读者提供较为线性、单一的阅读信息和内容，远远不能满足当前人们对阅读内容和方式的需要。而交互性强是新媒体阅读过程中最突出的特点，正好能满足人们当前的阅

读需要。随着传统阅读方式的逐步改变，阅读逐渐由单向阅读变成双向阅读，从个体阅读转变为"受众与受众、作者与受众"之间的相互阅读。在欣赏作品的同时，受众也可以发表自己的想法和见解，形成与其他受众或作者之间的沟通、互动。这样不仅使新媒体阅读下的受众产生足够强烈的存在感和个体平等性，还会给作者的写作提出不同的建议和意见，同时也大幅度提高了广大受众对阅读的主动性和积极性，逐渐形成受众主动参与阅读的理想趋势，也为青少年提供了阅读平台，创造出了良好的阅读环境。

新媒体的阅读行为可控性高，节约时间成本。当前，人们的阅读空间和接收信息的时间都随着新媒体时代的到来发生了巨大的变化。由于现在生活节奏快，青少年朋友学习繁忙，长期去图书馆借书阅读已经变得不太现实。而新媒体时代的到来，为广大阅读受众解决了这一实际难题，即人们可以在休息、等车、乘公交的时候随时可以通过平板电脑、手提电脑、智能手机等电子产品阅读时事新闻、电子书籍，关注微信朋友圈、微博等。利用空闲的时间去进行电子阅读既节省了时间，还能及时获取知识和信息，大大节省了广大受众的时间成本。另外，由于新媒体是一个速度快、信息新、内容丰富、阅读方式便捷的阅读媒介，所以深受广大受众的喜爱。

新媒体对阅读的不利影响

新媒体信息庞杂无章，容易造成浅阅读，让孩子形成不良的阅读习惯。随着新媒体在人们实际生活中的快速融入，使得广大受众的阅读习惯和阅读方式都产生了很大变化，出现了深度阅读与碎片式、快餐式阅读并存的现象。网络上出现的信息内容丰富多样，对于孩子而言既产生了视听感冲击，也使其能够轻易、快速地获取信息，逐渐导致大部分孩子出现了一看而过的浅阅读模式，使其养成了不爱思考推敲、浅尝辄止的坏习惯。久而久之，掌握知识的基础就变得不牢固，不能发现问题、解决问题，也就丧失了创造力，这对培养创新型人才十分不利。

而且很多信息的权威性和可信度不高，容易混淆视听，干扰人心。随着新媒体时代的到来，信息传播没有太多的条件限制，甚至不用通过纸媒式的重重把关、层层筛选和过滤。在当下人人手握智能手机的条件下，任何受众都可以将自己拍摄的视频、照片等发布于网络中，即由普通受众变为信息的发布者，这也预示着"全民发言"时代的到来。由于网络发布者及其发布的信息缺少审查和监管，信息的可信度和权威性普遍不高，内容往往是良莠不齐、真假掺杂，容易导致其他受众阅读时辨别不清真伪，出现上当受骗的情况。尤其是对分辨意识、判断能力较为薄弱的孩子，更容易造成误导，导致其形成不好的行为或阅读习惯，更有甚者会走上歧途。

最后，信息娱乐化和低俗化倾向严重，容易养成孩子的浮躁心态。在新媒体信息环境下，为了获得更高的点击率和关注率，各级媒体往往积极去迎合广大受众的阅读兴趣，将新媒体的特点充分运用起来，通过以大量的视频、图片、爆炸性新闻等为媒介博取受众的眼球，通过对受众视听感官上的刺激来调动受众阅读上的兴趣。但是大部分媒体所提供的信息往往趋向于低俗化和娱乐化，让广大受众在空余时间进行碎片式、快餐式、走马观花式阅读。但是这些信息没有什么存在价值，也不用受众去进行深度思考，长此以往，容易导致广大受众不愿花时间去静下心来专心致志地阅读经典著作和理论书籍，不愿意系统地查阅资料，不愿意深度思考，对与自己暂时无关的事情漠不关心，容易导致孩子产生浮躁心理，对孩子的健康成长产生十分不利的影响。

不管怎样，父母仍要重视培养孩子的阅读兴趣。

父母要和孩子一起阅读

孩子对读书没有兴趣，很大程度上是受父母的影响。问一问父母：我们一天中有多少时间是花在阅读上？连父母都没有一个好的阅读习惯，怎么能强求孩子去读书呢？所以父母第一步要做的就是，自己每天至少要读半个小时的书，给孩子做出一个好的榜样，让他们知道，除了电视和电脑，还可以从书籍中得到乐趣、得到知识。当阅读在家庭中变得像看电视一样自然的时候，孩子就会很自觉地拿起书籍，享受阅读带给他们的快乐。当孩子主动拿起书的时候，父母要做的第二件事就是，和孩子一起来阅读他们所感兴趣的书籍。

读书给孩子听

小孩子通常都不愿意自己一个人安安静静地坐在那里，他们更愿意受到别人的关注，喜欢热闹。这也是孩子不喜欢读书的原因之一——阅读时是一个人，没有声音的刺激。所以要培养孩子对阅读的兴趣，父母不妨陪他们一起来阅读一本他们感兴趣的书籍，就像他们小时候要父母在睡觉前给他们讲故事一样。所不同的是，这次是父母指导着他来阅读。可以让孩子大声地朗读，父母在一旁对读音、断句等加以指导。当孩子慢慢地领略到读书的乐趣后，就会自己来阅读了。

阅读从倾听开始，孩子最初的阅读兴趣和良好的阅读习惯都来源于倾听。经常给孩子读经典童话或寓言，让孩子从小就感受到书中的快乐和趣味。"为孩子大声地读书"是培养孩子阅读习惯最为简易有效的方法。这里所说的"大声"并不是发出很高分贝声音的意思，而是指"读出声音来"，让孩子能够听清楚。每当父母给孩子朗读时，就会发送一个"愉悦"的信息到孩子的大脑中，甚至将之称为"广告"亦不为过。父母"推销"的东西叫阅读，而朗读故事是一种令人愉悦的推销方式。

为孩子大声读书本身并不困难，难在持之以恒。父母要选择合适的时间段，每天坚持至少读 20 分钟，和孩子一起快乐地享受这个过程。尽可能提早开始读书给孩子听，并且一直坚持下去，可以使孩子沉浸在一种丰富的、具有条理的以及有趣的语言环境中。

让孩子体验读书的乐趣

告诉孩子读书的重要性，告诉孩子读书的乐趣，当然还要让他有成就感。在孩子小的时候，通常都是父母给孩子讲故事；当孩子能自己看书以后，父母就应该尝试着让孩子给父母讲故事。不经意地去创造一些让孩子给父母讲故事的机会，比如，当父母在做家务的时候，当父母辛苦了一天瘫坐在沙发上的时候，就可以请求孩子讲一个有趣的故事，帮助父母放松精神。通常孩子是很乐意的，因为意识到了自己的价值，自己也可以通过给父母讲故事的方式，帮助父母消除一天的疲劳。这样，孩子为了讲故事就要去看书，为了讲得好就会认真地筛选故事、理解故事。孩子讲完以后，父母要给予赞许，孩子会归功于阅读，就会从阅读中获得成就感，从而更爱阅读。当然父母也要引导孩子进步，给孩子指出一些没有理解的以及讲述不当的地方，这样孩子的进步才会更明显。

为孩子做读书记录

不少父母喜欢为孩子做成长记录，这是非常好的习惯，孩子的成长大事、日常活动、童言稚语，都可以记录下来。父母时常翻看和回味，感到乐趣无穷。如果父母也能将孩子的读书成长经历记录下来，不但会非常有趣，而且会对引导孩子阅读很有帮助。

最简单的记录是记下每个阶段孩子读过的书。仅仅列出时间段和书名就已经很有价值了，不过，父母和孩子一起参与，而且以有趣直观的形式来记录更为重要。更为细致的记录还可以包含孩子的阅读方法和阅读反应，如对某些书的好恶、读某些书时提到的有趣问题、对某些书的评语、读完后的感想等。父母可以时常翻出这些记录，来分析孩子的阅读发展情况；孩子也可以用来重温当时阅读的快乐情景，从而进一步重复阅读或进行延伸阅读。

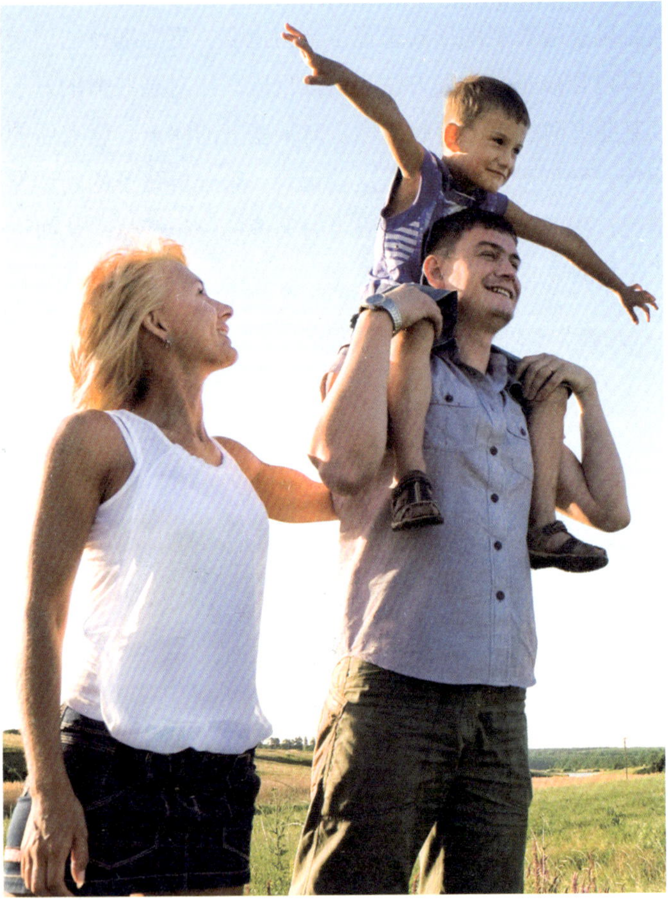

第六章

正向化解孩子网络教养难题

针对孩子容易出现的各种网络问题及教养难题，很多父母使出浑身解数，或威逼利诱，或恩威并施，但往往收效甚微。怎样才能既不惩罚也不放纵，让孩子在和善且坚定的氛围中，培养出自律以及自我管理的能力，远离网络带来的不良影响，是新时代父母需要掌握的基本技能。

不给手机就捣乱

说起智能手机,相信父母对它是又爱又恨。"爱"的是手机给我们提供了很多便利,不管生活和工作都离不开它;要说"恨",主要是因为不少孩子玩手机游戏上瘾,饭不好好吃,作业也不按时做,家里时不时就要上演一出"手机争夺战"。

孩子沉迷手机的现象已经引起了全社会的关注,其实,孩子沉迷手机的原因,是很多父母"懒"。手机不可怕,可怕的是父母用手机来代替自己。比如,有的孩子坐地铁有点哭闹,妈妈马上塞给他一部手机看动画片,孩子立刻安静下来,妈妈开始跟身边的朋友自在聊天;父母坐地铁时觉得无聊,于是打开手机玩游戏,父母玩得开心,孩子在旁边看得热闹。

春节时亲戚聚会，饭桌上有几个小孩子，他们很快吃完饭开始嬉闹，大人们觉得孩子吵，立刻有人甩给他们几个一部手机。立刻，孩子们安静下来，熟练地打开手机，找到想玩的游戏，几个人聚在一起一声不吭，眼睛都死死地盯着手机屏幕。

手机不知道从什么时候起，已经成了"哄娃神器"。孩子不吃饭，孩子打扰父母工作，孩子在公共场合吵闹……一部手机就能全部搞定。

爱玩手机的孩子，正被手机一点点偷走健康和学习能力。很多父母习惯拿手机哄孩子，图个方便省事，当然也有不少父母确实是忙碌中的无奈选择。但是，他们或许不知道，孩子在玩手机的同时，失去了什么？

"苹果手机之父"乔布斯，生前不让自己的三个孩子玩平板电脑和手机，他说："我们限制孩子们在家里使用智能产品。"作为研发者，他深知智能产品对孩子的伤害。现在，很多孩子早早戴上了眼镜，大多是因为过早接触电子屏幕造成的。因为动画片或者儿童游戏大多色彩艳丽，画面转换过快，极易让孩子的视觉神经系统疲劳。来自电子屏幕的光影刺激是很强烈的，适应了快节奏的孩子很难在相对平淡的、静态的现实生活环境中凝聚注意力。一位小学老师说，课堂上坐不住、爱走神儿、静不下心来看书的孩子，半数以上都有爱玩手机、看电视过多的习惯。

孩子从手机里获得了什么

暂时的轻松。在学校，老师张口闭口谈学习，在家里，父母催着努力、盯着成绩，孩子身上背负了太多希望，也承受着巨大的负担。他们也会累，这个时候，手机为他们提供了暂时的庇护所，可以让他们获得短暂的轻松。尤其是性格内向的孩子，在虚拟世界里，他们可以尽情倾诉而无所顾忌，深陷其中而无法自拔。

及时地反馈。有些孩子沉溺于手机游戏，是因为他们在需要外界肯定的青春期，却无法从现实中获得回应，做得好做得坏，父母都没有及时给出反馈。而手机游戏不同，每赢一步，都会有相应的奖励，玩得熟练就可以过关斩将、畅通无阻，这种满足感和获得感是孩子在现实中无法获得的。因此，即便是父母三令五申，恨不得为了游戏断绝亲子关系，孩子依然无法斩断对手机游戏的爱。

内心的激情。很多孩子在父母的安排和干涉下按部就班地生活，到了青春期，他们的自我意识觉醒，想要自己做决定，但父母干涉的欲望未消，孩子被牵绊着艰难前行，压抑感如影随形。一旦他们接触到新鲜自由的网络世界，一定顿觉神清气爽。在手机里，他们可以扎堆追捧自己的偶像，为之如痴如狂、肆意挥洒；他们可以谈论平时父母不允许他们涉足的话题，无拘无束；他们还可以在游戏的世界里展现自己的能力，豪气冲天。这许多乐趣，怎不令人流连忘返、乐此不疲？所以，如果孩子沉迷手机，对外面的世界兴趣减弱，那父母就要反省：是不是一些对孩子来说至关重要的东西，我们没有给予他？

孩子沉迷于手机的原因，父母和社会都需要反思。很多父母因为懒,才会让孩子玩手机,从而解放自己。请放下手机,给孩子高质量的陪伴!有的父母以为,只要人在孩子身边就是陪伴,其实那仅仅只能算是"陪着"。只有父母真正全身心投入去陪伴孩子,才能做到细致入微地观察,才能真正理解孩子的感受。

父母的引导很重要

手机不是洪水猛兽,与孩子达成共识很重要。在如今的工作生活中,完全禁止使用手机不切合实际,也没必要,当父母需要使用手机时,可以跟孩子商量,设定好时间、界限,又能平等沟通,这样一来,使用手机得到了孩子的认可,孩子便不会有疏离的感觉。

让孩子明白手机是属于父母的。很多父母都会选择不给孩子买手机,孩子就会玩父母的手机,这时候父母要让孩子明白,这是属于父母的手机,父母给孩子玩,说明父母懂得分享。而且孩子也不可以乱翻父母的手机,这是对父母最起码的尊重。这时候可以让孩子懂得分享的快乐,让孩子也学会有什么东西可以分享给别的小朋友。

孩子手机密码必须让父母知道。孩子的生理和心理还不太健全,而现在互联网又有很多弊端,有一些垃圾广告是孩子所不能接触的,父母可以通过观看孩子的手机来帮助孩子抵御外界不健康的影响。同时父母也可以通过手机来更加了解孩子,比如,孩子的喜好都可以通过手机来了解一些。孩子和父母有了共同的语言才会成为好朋友,才会让家庭生活更和谐。

电话铃声响了，一定要接。孩子在玩父母的手机的时候，可能会有一些电话进来，一些孩子就会直接挂掉。我们可以告诉孩子见到电话一定要接，并且要学会用礼貌的话。如果是找父母的，就告诉别人稍等一下，然后马上把手机给父母去处理。或者孩子在玩游戏的时候，父母打来电话了还是会挂掉，因为感觉父母是自己的亲人，无所谓。这样也是不对的，父母可以告诉孩子对父母更要有礼貌，不可以因为自己在玩游戏就挂掉亲人的电话。

让孩子在合理的时间把电话交给父母。如果孩子要找某一个朋友的话，可以用座机给他家打电话，如果担心是对方父母接到的话，那就不要打。我们要学会尊重别人的家庭，就像我们希望别人尊重我们一样。而且如果天色太晚的话，别人可能已经休息了，千万不要去打扰别人，也不要给别人发信息。发信息一问一答是很耗费时间和精力的，晚上也容易让自己和别人乱想，所以最好从根本上杜绝这种行为。

手机不能带进学校。孩子在学校就是要好好学习，手机可以到家里再玩。玩手机可以在任何时间，但是学习的黄金时间就是在学校的这一段时间，如果把手机带到学校的话，很容易分散精力。不要把手机带到学校，在学校要好好学习，回到家再做自己想做的事情。如果有外面的人想抢你的手机，一定要回来告诉父母或老师，要学会保护自己的财物和合理权利。

家有小小"电脑迷"

电脑成了人们现代生活中不可缺少的一部分,不仅大人离不开电脑,甚至孩子也轻易地迷上了电脑。尤其是平板电脑面世后,各种儿童读物的阅读软件让父母觉得这是个非常好的早教工具。但是很多人受"网瘾"一词的影响,认为不能让孩子接触电脑。但也有人认为,既然用电脑是现代人的必备技能,为什么不让他们接触呢?

孩子对电脑里变化的画面和有趣的小游戏产生兴趣,是非常正常的反应。父母不要强硬制止,正确引导即可。至于担心影响孩子视力,可要求每次孩子用电脑时间不超过半个小时。

有人认为过度玩游戏,孩子会沉迷其中,与人打交道可能冷漠,甚至出现自闭倾向,这是很可怕的。所以孩子需要接触更多的人和事物,保证身体的锻炼、语言的训练,和父母及他人情感的交流。让孩子接触电脑未尝不可,但不能用电脑代替其他玩具和游戏。父母要让孩子有足够多的时间参与户外游戏,既能加强与外人沟通的能力,也能锻炼身体。

电脑以外的世界更有趣,也更广阔,孩子在掌握电脑之前,有更多的事物需要学习和认识。孩子使用大脑时,大脑会受到刺激而发育,这种刺激越早越好,大脑受到刺激后会促使细胞分裂,刺激越频繁,细胞分裂越旺盛,大脑发育也越健全。

根据儿童成长的认知规律,两岁至18岁孩子的网络教育可划分为6个年龄段,针对不同年龄段的孩子,要用不同的教育方式。

①两岁至3岁:可以通过父母的操作观看,接触的主要内容是看动画片和适合他们兴趣的电子出版物。父母操作电脑时,可向孩子演示鼠标,并让他们尝试键盘。

②4岁至5岁:父母可帮助孩子玩简易的电脑游戏及使用教育娱乐软件,或学一些最初步的计算机知识。

③6岁至9岁:这个年龄段的孩子会很快熟悉网络,但必须在父母的指导下取得上网经验。父母应花大量时间与孩子一起使用电脑,向孩子展示正确的使用行为和规则,与孩子共用电子邮件地址,并讨论通信问题。

④10岁至11岁:这个阶段的孩子正是渴望独立、形成价值观念的关键期,父母的指导要点是:建立明确的使用规则,违反规则应受罚;不允许孩子在网上购物或发出有关自己及家庭的任何信息;放一个闹钟在孩子身边,促使他养成使用电脑的时间观念;常检查家里的电话费和信用卡;常与孩子讨论网络文化现象。

⑤12岁至14岁:此年龄段的孩子在网上相当活跃,父母的指导要点是:向孩子明确网络法律和规则的内容,严格规定上网和使用电脑的时间;尽量和孩子一起上网;监督孩子下载的电子游戏。

⑥15岁至18岁:对这个阶段的孩子来说,网络世界有无限丰富的资源。父母可以将家里一些需要解决的问题交给孩子,让他们在网上找到解决问题的方法。鼓励孩子学习使用电脑和网络,不仅是要他们学一门知识,更重要的是让孩子永远保持好奇心,并有信心和能力来解决他们遇到的问题。

学习遇到难题就上网找答案

很多中小学生的父母一说到孩子上网，马上就很紧张，总担心孩子上网玩游戏、学习上过分依赖网络等。如何引导孩子正确利用互联网，一直是很多老师和父母关注的一个问题。现在孩子太依赖互联网了，特别是做作业遇到难题时，想都不想，就去上网查询资料，有没有什么好的方法可以让孩子独立思考？

孩子在学习上过分依赖互联网会造成无效学习。学习是一个思考的过程，其中最关键的就是动脑子。孩子遇到难题，如果总想着上网找现成的答案，就很难有自己的想法。现在的学生可能作业太多了，很多孩子为了完成任务才会求助于网络。其实，父母可以适当监督一下，比如，帮忙选几道题，能做多少算多少，但是一定要自己动脑筋做，这样才会有收获。如果一道题孩子是自己动脑筋想出来的，再去网上看看别人的想法，这是一个开阔思维的过程，也应鼓励他们这样做。

网络小说的魔力所在

　　网络文学比传统文学有了更多的交互性和相对自由性，但也充溢了更多的矫情和伪饰、谐谑和怪异，其消极的因素不可避免。但是，沉迷网络小说的不光是成年人，太多的青少年也沉迷于网络小说，甚至有一些青少年模仿那些网络小说情节，为此付出了生命的代价。对于人生观和价值观不健全、不积极的青少年来说，网络小说就是"文学鸦片"，或许可以打发时间，从中找寻激情，找寻意淫的快感，填补内心的空虚，但是它更会麻痹青少年的思想，侵蚀人的心灵，沉迷其中，对社会产生疏离甚至逆反心理，使人逐渐消极。

　　但凡事都有两面性，网络小说中不乏优异的作品，而看网络小说的人也不乏人生价值观健康的人了，更不用说一些自制力、心性极佳的青少年。这时，看网络小说亦可变为一种学习、阅读、品鉴，学习小说主人翁的坚毅、奋斗向上的品行，阅读作者展现在字里行间的社会阅历，品鉴小说中带给我们的经典语录、黑色幽默、故事情节等。

　　不过，总的来说，现在的青少年因为年龄阅历和知识所限，在如今信息如此海量、教育如此僵化的大环境下，能有几个在接触网络小说时具备健全的人生价值观呢？那么，在不合适的时机看到不合适的网络书籍，又长此以往地沉迷其中，久而久之，对青少年的身心发展会产生极其不利的影响。

网络直播中的"打赏"乱象

网络直播是近年来火热的网络产品之一,其以丰富的内容、实时的互动模式而广受各年龄层次民众的喜爱,从而创造了包括直播平台、主播、广告营销等主体在内的蓬勃发展的直播行业。根据 2018 年 7 月中国互联网信息中心(CNNIC)发布的《中国互联网络发展状况统计报告》,截至 2018 年 6 月,我国网络直播用户规模达到 4.25 亿。

艾瑞产业研究院发布的《2017 年中国泛娱乐直播用户白皮书》的数据显示,2017 年我国 18 岁以下的直播用户已经占到网络直播观众总数的 10.2%。而与网络直播行业飞速发展相伴随的是,现实中出现了不少未成年人巨额"打赏"主播,甚至挥霍父母血汗钱、治病钱来"打赏"主播的情形,引发了大量民事纠纷。

所谓"打赏",指的是互联网用户关于网上发布、传达的原创文字、图片、音频、视频等,直接进行金钱或虚拟产品奖赏。

从现在互联网直播职业状况来看,主播的收入首要来源于"直播出售"和"粉丝消费"两个方面。所谓"直播出售",就是在直播过程中,主播展示并出售产品;而"粉丝消费"是观众经过直播渠道购买虚拟礼物,并"打赏"给主播。这是互联网直播中最根本的消费形式。

可是,在网络直播一片昌盛之际,高价乃至巨额"打赏"主播的情形一再出现,由此引发的争议不断。直播"打赏经济"看似一片昌盛，但背面却隐藏了各种乱象。一些"打赏"游走在法制与道德的边缘，不少人因而受到了法律的制裁。

一些违法违规、低俗媚世无底线、价值导向严重偏差的网络直播，不仅污染了网络环境，打乱了公共秩序，更为严峻的是，这些网络直播损害了网民，特别是未成年人的身心健康，造成了恶劣的社会影响。

变味"打赏"引发青少年犯罪。很多青少年喜欢参与"打赏"活动，但是责任不能都归在青少年身上，网络平台和某些媒体在某种程度上扮演了"推手""诱饵"和"教唆"的角色。

"打赏乱象"也反映出青少年沉溺网络以及背后的虚荣心问题，所以父母应该对自家孩子时时刻刻做出正确的教育指导，加强对青少年的网络素养教育，引导青少年对各种网络产品有清晰的认识。

帮助青少年建立网络金融意识和个人信用观念。"打赏"看起来都在网上完成，但是其实花出去的还是真金白银。父母要防止青少年产生"攀比嫉妒""孤注一掷"等心理，告诉他们人生不可能"浓缩"在一场场网络"打赏"中。个人在网上的地位与信用的提升，同样需要长期的努力。

疯狂的"网红"梦

"网红"是指在现实或者网络生活中因为某个事件或某个行为而被网民关注从而走红的人,或长期持续输出专业知识而走红的人。他们的走红皆因为自身的某种特质在网络作用下被放大,与网民的审美、娱乐、刺激、偷窥、臆想、品位以及看客等心理相契合,有意或无意间受到网络世界的追捧,成为"网络红人"。因此,"网红"的产生不是自发的,而是在网络媒介环境下,网络红人、网络推手、传统媒体以及受众心理需求等利益共同体综合作用下的结果。

据《2018中国网红经济发展洞察报告》数据,截至2018年4月份,网红粉丝人数达到5.88亿人,整年的网红经济规模超过两万亿。所以,当一半以上的"95后"将未来的职业选择瞄准主播、网红,也就不难理解。很多年轻人甚至把当网红当成梦想,对其趋之若鹜。

其实,直播行业并非适合每一个人。人们常说年轻人要有梦想、要敢于拼搏努力奋斗,这是正确的人生态度,但很多人看到有些人成功当上网红后,便有了也想当网红的想法,以为当网红是一件很容易的事情,殊不知在每一条光鲜美丽的视频背后都有一个强大的团队。不仅如此,成为网红更需要天时、地利、人和,有些人在不经意间也许就火了,但是有些人就算再怎么努力也是一无所获。

而且网红都是有时效性的，并不是每一个网红都能一直红下去，从中获得高利润的人也是非常少的。但是很多人以为当上了网红就代表有了高收入，就会赚很多很多的钱，其实这是一种错误的观念。并且当网红并不是想象中的那么简单，更需要脚踏实地地去做、去努力，而不是一味地去幻想！

网游中的"暴力美学"

"暴力美学"起源于影视作品，最初是一种电影的艺术趣味和美学形式探索。时至今日，其已在各种媒体表现形式（电子游戏、漫画、动画、平面设计、广告等）中广泛化，尤其在日益兴盛的网络游戏中成为不可忽视的因素。网络游戏中，玩家作为参与主体，既接受视听觉刺激，又有动觉反馈，在交互过程中，玩家对网络游戏中的"暴力美学"有更深刻和更直接的体验。

当今中国网络游戏市场正呈现一种暴力化走势，游戏主题多与暴力打斗相关，如枪战与格斗，暴力游戏早已形成数量庞大的专栏。无论打开游戏盒子客户端还是游戏网页，格斗、枪战的标签比比皆是。随着视觉时代的到来，格斗类等游戏追求炫酷的招式效果、激烈华美的打斗场景，绚烂的光影在屏幕上闪现格外引人注目，而打斗中造成的血腥场面则被弱化，战斗仿佛变成了一种表演，配合着十分有节奏感的背景乐及击打声效，让青少年在释放压力的同时，也造成了对暴力形式的司空见惯。

根据不同题材的游戏，或是在战胜后呈现英雄巡礼般的视觉效果，或是在战败后毫无理由地求死以体现尊严和决绝；倒在血泊中的人脸上的猩红不见恐怖，却是和晶莹的泪珠交相呼应，令人哀叹心痛，等等，这类审美的场景在游戏主线剧情或支线剧情中屡见不鲜。作为游戏角色中扮演的一方，这类剧情带来的牵动往往不可小觑。成年人具有辨识能力，但青少年，尤其是不具备独立意志的 14 岁以下儿童，往往会过度地代入角色，难以自拔，甚至模仿行为、漠视生命以追求游戏中所倡导的"暴力美学"。

网游中的"暴力美学"助长青少年的侵犯行为

侵犯行为也称攻击行为和暴力行为，是由侵犯动机引起的。侵犯动机是指个体有意伤害他人，以使自己获得平衡和满足的一种心理倾向。侵犯冲动作为一种心理能量，是必然存在的，必须宣泄出来，而游戏中的暴力因子很可能将青少年引向错误的宣泄途径。青少年正处于学习时期，容易面临角色混淆，游戏的失败和对方的谩骂等往往会引起愤怒，此时就具备了构成侵犯的三个要件：一是青少年自制力不强；二是处于侵犯情绪准备状态，即愤怒；三是游戏中人人喊打喊杀的暴力环境提供的价值理念易造成去人格化，而去人格化将增加侵害行为实施的可能性。此外，模仿的作用同样不可忽视，社会学习论提出学习是侵犯的重要决定因素，因此对于心智还未成熟的青少年来说，游戏中带着美感的暴力因素极具侵蚀性。侵犯的学习机制是联想、强化、模仿，而游戏的过程和此学习机制极其类似。网络游戏中充斥着"一言不合即开战""拳头硬的是老大"的价值观念，更高的武力值意味着更高的胜利率，意味着是强者，投射到现实中，游戏玩得好的学生也会受到其他人的欢迎，这会引起榜样效应，甚至诱导青少年"情景再现"。

网游中的"暴力美学"掩盖了虚拟道德和现实道德的冲突

道德的产生和发展离不开具体情境的支撑,而道德情境有虚拟和真实之分。虚拟道德情境往往经过人为的加工设计,含有理想化的成分。技术进步使得网络游戏中的打斗场景愈发逼真,玩家身在其中,对某些美化过的暴力场面习以为常,渐渐变得不以为意。

沉溺于网络游戏的玩家不是暴力行为的旁观者,而是主动的"施暴者"。游戏中的以暴制暴、快意恩仇给了玩家宣泄式的快感,对尚未形成完整道德观念的青少年玩家来说,这种快感甚至超越了任何现实的伦理道德观念。网络游戏使人潜移默化地感受暴力,却美化了暴力可能带来的残酷后果,这使得一些青少年玩家过分享受了暴力的快感,却对行为后果认识不足。所谓"初生牛犊不怕虎",因为无知,所以无畏。

网游中的"暴力美学"构筑了暴力崇拜与暴力至上的价值基石

暴力美学如同糖衣炮弹,通过用美学包装暴力,有意无意地将暴力行为展现得潇洒恣肆、从容优美。网络游戏中的暴力美学更是通过其情境性、互动性,无声地宣扬着"暴力可以解决问题"的价值观,诱发着玩家内心潜藏的暴力兽性。我们虽自古就有"仁义礼智信"的传统美德,但这毕竟只是柔性的道德约束,所起的作用也只是辅助性的。我们的传统道德规范没有上升为普遍性的终极价值，尽管一直强调"以和为贵"，但这并不意味着排斥暴力。

网游中的"暴力美学"模糊了合理宣泄与恶意发泄的边界

暴力是网络游戏中最具宣传噱头的刺激性文化商品之一，炫酷艳丽的格斗场面不断诱发着玩家心中的暴力瘾症。由于青少年情绪情感的不稳定性和情绪表现的两极性，虚拟网络的暴力体验有可能不仅没有缓解青少年玩家的暴力饥渴，反倒加剧了其在现实世界进一步去实践暴力的冲动。换言之，网络游戏不仅是青少年面对生理心理压力的暴力宣泄口，也可能是暴力的一个新的"策源地"。现实中因为痴迷网络游戏而导致犯罪的实例也屡见不鲜，其犯罪手法也常常是从网络游戏中习得。当然，网络游戏仍是一种很好的娱乐和释放压力的途径，但要注意受众分层和市场监管。

手机小游戏，让低龄儿童无法自拔

孩子喜欢玩游戏，如果控制不好，就会很容易上瘾，很多父母非常苦恼。孩子玩游戏容易上瘾，往往因为以下因素：

①孩子天生具有好奇、好问、好探索的天性，许多争斗性的网络游戏迎合了孩子的天性，所以深受欢迎。

②男孩子喜欢争斗、打闹的场面，更希望参与其中。在这种氛围中，孩子可以把生活中的压抑、烦恼肆无忌惮地释放出来，同时也让他们真正享受到愉悦和快乐。

③学校和父母都非常重视孩子的智力开发以及学习成绩，在大多数情况下，孩子的时间、兴趣完全变成了做作业和学习文化课程，于是就出现了孩子向往玩游戏的情况。

④由于身边的许多同学都在玩游戏，当孩子与同学交流和交往时，如果缺乏这方面的经验，就会被同学所排斥，所以这也是孩子坚决要玩游戏的原因之一。

孩子玩网络游戏并没有什么过错，父母也没有必要对孩子玩游戏过于生气，要正确引导孩子。

端正态度，承认爱玩是一种天性

中国的传统教育理念虽然流传了几千年，但是不得不说，其中还是存在一定的弊端的，例如，我们总是注重"学"，却忽视了劳逸结合。而作为当代的父母来说，首先要做的便是端正自己的思想，承认"玩"在孩子生活中的重要性，以一种平等的方式来对待孩子的这种爱玩天性。或者换句话来说，学是孩子的主业，玩是孩子的副业，分好主次即可。

正视网络游戏，引导孩子正确地选择游戏

可别小看了网络游戏在当代社会中的重要性，它不仅在影响着孩子，同时也在影响着一部分成年人，痴迷于网络游戏的大有人在，又何止是孩子呢？其实游戏的种类有很多，如益智类的、模拟经营类的、棋牌类等。在选择游戏时，要注意游戏的题材和背景，选择其知识含量较高、游戏品质好的。

严格把控时间，尊重孩子的同时要求孩子尊重约定

孩子每次玩之前，父母都要提前约定好游戏时间。让孩子自己提，只要是时间合理，就可以允许。如果超出父母的预期，父母负责调整时间，并告诉孩子这么安排的原因。约定好之后，父母的任务就是到时提醒。守时的话，下次的约定继续有效。总的来讲，孩子是个守时的孩子，约定好的事情基本上都能做好。这时父母就要表扬孩子，他是个守时的孩子，是个做事有数的孩子，是个会安排时间的孩子。孩子在这样的强化下，会逐渐向着父母希望的方向发展。

特别是对于青春期的孩子来说，叛逆心理是比较严重的，他们往往有自己的独立思想，而不愿意听从父母的安排。在这种思想的影响下，暴力对待和强制要求都起不到良好的效果，一种约定俗成的契约模式反而更有效。父母不妨尝试和孩子约定上网游戏时间，给予他们起码的尊重，而受到尊重的孩子则会将这份尊重返还给父母。同时，这也是一种处理父母与孩子关系的好办法。

巧妙利用游戏，拉近关系，让孩子更能接受父母的意见

在孩子的心中，本来就对父母有所芥蒂，而身为游戏局外人的父母若还是以一种居高临下的姿态来教训他们，自然是不能被孩子所接受的。这个时候，若是父母也可以融入游戏之中，成为他的"战友"、他的小伙伴，身份的换位则会拉近父母和孩子的距离，让他们更容易接受父母的意见。

适当惩罚

孩子毕竟是孩子，他们不可能每次都那么守时守约，甚至有时还违规，尤其是父母不在的时候，他们大玩特玩，一听到父母回来，立即装作认真读书学习。遇到这种情况，就需要父母积极采取措施进行纠正，必要时可以小罚一下，如禁玩一段时间，帮助孩子养成良好的习惯。

造成孩子"沉迷手机网络游戏"现状的原因

环境因素

环境对孩子的成长影响是非常大的,好的影响会把孩子往好的方向引导,坏的环境也会把孩子引向坏的方向上去。现如今,网络对孩子的影响非常大。比如,网络已经是衡量个人能不能跟上形势发展的重要标志,如果周围的同学都有手机上网和都玩网络游戏,就你一个人不会玩,可想而知你在同学面前会有什么结果?还有就是现在每家每户每个人都有手机和电脑,又有谁能抵抗得住这种诱惑?作为未成年人,他们又有多少抗拒能力,一定不玩网络游戏呢?实在是太难了。

疏导不利

目前父母大部分是"80后""90后",恨不得一天24小时盯着手机、电脑,他们不但自己喜欢玩,而且还会教似懂非懂的孩子玩,有的甚至把学龄前的孩子都教会了,因此根本谈不上教育和疏导问题。还有一部分完全不懂网络知识的父母,他们

只是听说孩子上网、玩手机会影响学习,所以就千方百计阻挠孩子上网,业余时间都把孩子关在家里,以为这样孩子就不想上网了。恰好相反,就是这部分孩子,他们在正常情况下实现不了要求,就偷偷去上网、玩游戏、玩手机,一玩就不可收拾,搞得父母防不胜防,而最容易沉迷的也是这部分孩子。因此,不难看出,完全禁止孩子不玩手机是不行的,不让人去容易,但关不住他们的心,他们上课时可以想,下课后设法偷着去,一样会影响孩子的思想和学习。

网络游戏能解压？不同性别玩网络游戏的感受也有差异

七成学生认可网络游戏的减压功能

从年级比较发现，年级越高，孩子对网络游戏的态度越中立。随着年级升高，孩子的人格、认知在不断成熟、发展，对网络的看法逐渐变得客观、全面，也有能力去分辨、抵制网络的一些负面影响，能更好地控制游戏时间。而低年级孩子的父母为防止孩子沉迷网络，会多灌输网络的负面影响，导致低年级孩子对网络的认知更加消极、负面。

男生对网络游戏的感受比女生更积极

从性别比较发现，28.2%的男生认为人人都应该上网，女生为21.9%。这说明男生对网络的认知更积极，女生对网络的认知更保守。男生更喜欢团队型游戏，女生更喜欢玩独立操作的网游；男生比女生更在意通过网络获得同伴的认同，25.6%的男生认为不上网会落伍，被同伴嫌弃，持相同态度的女生比例为19.5%。这说明男生在网络游戏中获得了很多情感方面的支持，通过网络游戏与他人交往是男生的重要收获。

小学高年级是接触网络游戏的高峰时期

超七成孩子从小学就开始接触网络游戏,到初中前已普遍接触,到高三才开始接触的孩子比例仅仅为0.6%。其中,男生最喜欢竞技游戏,女生最喜欢休闲游戏;高年级孩子喜欢竞技游戏,低年级孩子喜欢休闲游戏。随着年级升高,孩子对功能性游戏的兴趣大大减弱。

给父母的一些建议

孩子在玩游戏的时候,是否与父母谈论网络游戏,既可以看出父母对孩子娱乐行为的关注度,也可以反映出孩子对父母的亲近度。据相关数据统计，有46.5%的中小学生更乐于主动与父母谈论网络游戏，而主动与孩子谈的父母比例仅为32.4%。有专家认为这可能是因为孩子更愿意与父母谈论自己的业余兴趣爱好，而父母则把精力更多地放在孩子的学习、健康方面，对其娱乐需求与行为有所忽视。

成绩好的学生较多与父母谈论网络游戏，而学习成绩差的学生会避免与父母谈及网络游戏，以免父母认为网络游戏影响其学习成绩而采取制止措施。

担心中小学生玩网络游戏受到伤害或者沉迷其中，是成人社会的普遍忧虑。严禁中小学生玩网络游戏是不现实的，我们需要了解中小学生对网络游戏的基本看法、对网络游戏的心理倾向或喜好，才能对他们接触网络游戏方面表现出的具体行动给予引导。

父母与孩子的亲密度越高、越关爱孩子，孩子越没那么热衷于玩网络游戏；而父母对孩子越冷漠，或者对孩子的控制越严，反而会越导致孩子更加热衷网络游戏。

看到这里，父母就可以判断一下，自己与孩子之间是哪一种类型的家庭关系，接下来努力的方向是什么了。只要正确对待，网络游戏也没有那么可怕。

屡禁不止的网络色情

网络淫秽色情信息屡禁不止、屡打不绝，造成这种现象的主要原因有三：网络空间本身具有虚拟性，较难做到纯洁无瑕；网络虽然有净化"污染物"的功能，但这一功能尚未发育成熟；网络监管还存在监管主体多头、职责交叉、责任不清等问题。虚拟社会的规则系统尚未完全建立，网络立法还很不完善。

受网络淫秽文化伤害最深的莫过于青春期的孩子。互联网上的淫秽色情信息原本针对成年人，但出于非法利益的诱惑，不良互联网企业或个人便把目标群体扩大到青少年身上。因为他们是最易受伤害，也最易被牟取暴利的弱势群体。

情窦初开的青少年处在青春期,出于本能对网络上的性信息很有兴趣。淫秽信息的传播者正是针对这一特点,引诱他们,从网络色情中捞取利益。

我国的青春期性教育至今仍处于"暧昧""彷徨"阶段,学校、社会和家庭面对孩子的性教育是"琵琶半遮、欲语还休"。这种现状易使有的青少年在网络上"自修"和"恶补"性知识。

我们不可能阻隔青少年与互联网的联系,所以就要引导孩子科学、文明上网。从某种意义上说,净网行动不仅仅是对淫秽文化的一种清理和摧毁,更应当是对人类底线价值的一种张扬和建立。

①使用过滤软件。为遏制网上泛滥的不良信息,我们可以购买正版的垃圾网站过滤软件,它可以像侦探一样搜索到暴力、色情等不良信息,并像"网络巡警"一样把这些内容拦截住。

②利用微软 IE 浏览器的"内容分级审查"功能,控制网页内容的显示。

③使用学生专用浏览器,实现"不良网络全封堵,游戏网络能限制,上网聊天都禁止,上网时间可设定"的目标,解除父母的后顾之忧。

让孩子无法拒绝的儿童食品广告

儿童食品广告对孩子的影响

孩子喜欢吃的东西，不管是零食还是快餐，都是广告中的"明星"，但就是这些广告直接影响着孩子们的饮食习惯。中国疾病预防控制中心的调查显示，看了电视广告后的中小学生要求父母购买电视广告食品的占73.8%，其中，有时和经常要求父母买食品的比例占37.1%，而且小学生要求父母购买广告食品的比例远远高于中学生。

儿童时期是饮食行为形成的关键时期，此时的饮食习惯很容易持续到成年后。在食品广告充斥荧屏的环境中长大的孩子，容易形成不良的饮食模式，不仅会增加儿童肥胖的发生率和高胆固醇血症的危险性，还会导致许多成年后的不良后果，如肥胖、心血管病、糖尿病等。

虽然不能避免孩子看到这些极具诱惑的电视食品广告，但孩子的饮食习惯父母完全可以掌握。首先，父母的言传身教与孩子的饮食行为有着密切关联。父母不要把零食或快餐作为惩罚和奖励孩子的手段，这会影响孩子对食物的喜好。此外，父母也要以身作则，在饮食方面为孩子树立榜样，因为孩子模仿性特别强。对孩子来说，没有不合适的饮食，只有不合理的饮食行为。食物本身没有好坏之分，关键是要控制量和掌握食用时间。零食要在正餐前一两个小时食用,也不要吃得过多,正餐才是营养的主要来源。

父母要理性对待儿童食品

很多父母在给孩子购买食品时更青睐冠以"儿童"字样的食品,认为它们更符合孩子的身体发育需要,而这类食品往往价格较高。"儿童食品"有着消费需求,与人们的消费升级不无关系。比如,中国青年报社社会调查中心联合问卷网曾对2003名受访孩子父母进行调查,其中84.8%的受访父母更倾向于给孩子购买有"儿童食品"字样的产品。强大的市场需求,以及与日俱增的购买力,无疑给"儿童食品"进入市场提供了便利。

但与此同时,"儿童食品"市场鱼龙混杂。部分"儿童食品"与普通食品成分并无区别,名不副实;部分"儿童食品"宣称适用人群与实际不符合;部分"儿童食品"为了增加口感,加入多种添加剂,等等。可见,这些问题若不加以规制,极易给消费者带来伤害。

从消费者的角度来讲,理性消费很有必要。比如,《中国居民膳食指南》中有专门针对儿童的建议,《儿童青少年零食指南》也对父母选择食物做了指导。父母在选择儿童食品时,一方面要保持充分的消费理性,切莫片面听信商家的宣传;另一方面,一旦发现上当受骗,对于这种名不副实的"儿童食品",也不能忍气吞声,而应敢于拿起法律武器,积极维护自身正当的合法权益。

孩子不懂得保护个人隐私

在父母毫不知情的情况下，一个未成年的孩子便可自行将手机号码、电子邮箱等信息提交给各类网络平台，完成注册。未成年人对平台将如何存储和使用自己的个人信息往往是一知半解。

这种场景时有发生。这是因为在并不明晰的法律规则下，多数网络平台在收集、使用用户个人信息时，并未建立起未成年用户年龄验证制度，以及事实上取得监护人同意的规则，未成年人网络隐私保护因而存在很大的风险。

根据共青团中央维护青少年权益部、中国互联网络信息中心（CNNIC）发布的《2018年全国未成年人互联网使用情况报告》，表明中国的未成年人互联网普及率达93.7%，未成年网民规模达1.69亿人。未成年人"触网"数量日益庞大，但针对未成年人个人信息网络保护的立法仍处于空白状态。当下的困境是，中国尚没有针对未成年人个人信息网络保护的位阶较高、效力较高的法律规定，更不用说与其相适配的落地细则。与之互为因果的是，全社会在法治和观念层面，都未能形成应当对未成年人网络隐私进行特殊保护的意识。

一个值得注意的现象是，越是在对未成年人个人信息有系统法律保护的国家和地区，越是有众多儿童网络隐私泄露事件的披露。反观中国，鲜见类似事件曝光。有法律界人士表示，这并不是意味着中国相关领域安全保护工作的完备，更可能归咎于立法的空白和整体保护意识的淡薄。

青春期的孩子要得到同伴认同、要与世界连接，微博、微信让他们获得成长过程中的陪伴，感觉不孤单。因为要有更多连接，孩子公开的真实信息越来越多。

①父母要经常提醒和解释隐私的重要性。

②明确告诉孩子哪些信息不能公开。如自己及父母姓名、家庭背景、住址电话等基本数据不要公开，也不要张贴清晰易辨的独照。网络上没有删除这件事，放上网的任何东西，即使删除，还是有人会散布出去。网络上最严重的是隐私问题，通过点赞，很多信息一贴再贴。孩子不要随便点赞，也不要随便将不认识的人加为朋友。

③提醒孩子在上传数据前多想一下。孩子最常见的心态是"我不会那么倒霉"。许多女生喜欢贴裸露的自拍照，或与男友的亲密照片，以示"爱的象征"。父母、老师可以提醒，贴之前要自问："讯息内容你自己两年后，甚至30岁时还可以接受吗？其他人可以看吗？"

④网络上保护自己的方法。网络上的个人资料愈少愈好，比如朋友圈，设定信息只跟朋友分享，某些讯息不想让所有朋友收到。还可以将朋友分组，写信息可指定有哪些人可以看到或不能看到此信息。

网络欺凌与线上教唆

网络欺凌是在网络中针对个人或群体做出一些反复、带有恶意的伤害行为，如嘲笑、造谣、起绰号或者暴露他人隐私等令人不适的举动。

很多孩子认为，网络是虚拟世界，自己可以隐藏在网络背后，一些在现实中被约束的行为界限在网上变得模糊甚至消失。但是网络有跨越时间和空间的特性，未成年人反复遭到网络欺凌，心理伤害非常大，甚至出现线上网络欺凌和线下校园欺凌相互转换的情况，加倍放大对未成年人的伤害。

遭遇网络欺凌应该怎么办？第一时间向父母、老师或其他信任的成年人倾诉，同时要保留好证据。如果遇到来自别人的质疑，也不要退缩。不过，也有一些孩子向父母反映后，父母对网络欺凌的认识不足，认为只是个玩笑，不需要在意，没有与孩子进行深入沟通。

未成年人在网上可能出现加害行为，但在多数情况下，他们是网络违法甚至犯罪行为瞄准的对象，因为未成年人的心智发展尚不成熟，对网络安全的理解也相对薄弱。以个人信息保护为例，未成年人对个人信息的理解相比成年人更狭窄，他们大多知道保护自己的姓名、家庭地址等信息，但往往对自己的照片、视频、回家路径等个人信息保护缺乏认知。

比较典型的案例是网上发布或线下扫码招募童星的广告，广告发布者以"看一下身材""看一下有没有伤疤""试一下戏"等借口，引诱未成年人拍摄暴露照片或视频到处贩卖。这类陷阱被称为"童星陷阱"。

成为舞台上耀眼的明星对一些不谙世事的未成年人而言特别具有吸引力，但他们往往没有能力验证信息是否真实以及个人的信息在此过程中是否被泄露。

类似的针对未成年人的网络性侵害还潜藏在非法的照片美化工具、短视频工具中。一些非法APP通过付费诱惑未成年人上传包含软色情内容的照片或视频，一些未成年人为了获取流量和粉丝，也会上传比较暴露的自拍照片或视频。

未成年人接触网络的安全风险有两个特点：一是各种风险存在交叉，二是通过网络接触不良信息产生高风险行为的年龄正在降低。

以童星陷阱和校园裸贷为例，不法分子拿到未成年人的裸照后，有的勒索钱财，有的胁迫他们拉来更多同学、朋友加入，否则便将裸照散布出去。被威胁或勒索的未成年人为求自保，很可能按照他们的要求去做，从而波及周围的同学，或者在压力之下做出极端行为。

在未成年人群体中，农村留守儿童受到社会各界的更多关注。来自《青少年蓝皮书：中国未成年人互联网运用报告（2019）》的数据显示，农村留守儿童首次触网年龄在10岁以下的高达91.8%，每天都上网的占比45.7%。

留守儿童上网技能习得途径为上网自学的高达70.7%，学习上网时有父母指导的仅有9.6%。他们使用网络的目的多为社交和娱乐，生活中缺乏必要的陪伴、指引和监管，使他们的心理和行为容易受到网络影响。

网络并非法外之地，不管有意或是无意对他人造成伤害，都必须承担责任。即使是在网络的虚拟世界中，也必须合理约束自己的行为。

我们无法把孩子与网络完全隔离开。针对未成年人的网络安全教育需要广泛普及，通过科学的方式方法，帮助孩子提升辨识和自护能力。对于父母和老师而言，首先是自身要熟悉和了解网络；其次要引导孩子认知、学习，在孩子遇到网络安全问题时，懂得如何帮助、引导、沟通；最后，还要以身作则、言传身教，树立健康用网的榜样。

孩子容易被网上虚假信息诱骗

防范犯罪分子通过网络发布虚假兼职信息骗取学生财物，甚至诱骗学生从事非法活动；防范网络真人娱乐、体育投注、电子游艺、彩票游戏等涉赌项目诱骗学生参赌。另外，要警惕电信诈骗。防范诈骗分子通过短信等方式发送虚假消息，如信用卡还款、快递未领、网络欠费，甚至家人遭遇危险等，诱骗学生拨打咨询电话，诱导学生转账汇款到所谓的"安全账户"。特别要防范诈骗分子冒充教育部门、民政部门或者慈善机构人员，以"资助贫困学生"为名，电话或短信联系学生或者学生父母，以捐助无法到账，需要核实身份证、银行卡等信息为由套取关键信息，实行诈骗。

警惕传销陷阱。防范传销组织以"创业、招聘、交友"为名在线上线下散布虚假消息，诱骗学生参加各类传销组织，进而骗取学生及其亲朋好友的钱财，甚至危及学生生命安全。

警惕借贷陷阱。假期学生出行、购物、聚会活动相应增多，要注意防范非法借贷平台推出的各类消费贷款产品吸引学生超前消费。防范部分消费贷以"提供培训""网络刷单"等名义，诱骗学生办理违规贷款手续，在不知不觉中"被负债"。

俗话说："害人之心不可有，防人之心不可无。"学生防骗首先要有反诈骗意识。在日常生活中，要做到不贪小便宜、不牟取私利；在提倡助人为乐、奉献爱心的同时，要提高警惕性，不能轻信花言巧语；对于任何人，尤其是陌生人，不可随意轻信和盲目随从；遇人遇事应有清醒的认识，不要因为对方说了什么好话、许诺了什么好处，就轻信、盲从。天上不会掉馅饼，对飞来的"横财"和"好处"，最好的防范就是三思而后行。

针对大学生屡屡上当的"兼职刷单"骗局，学生们不要轻易向不明网站和账户汇款。因为在网上商城，"刷信誉"等虚假交易行为本身就已被明令禁止，并非正当兼职。此类诈骗分子首先会在网上发布招聘兼职刷网上商城信誉的虚假信息，一旦有人上当，就会要求受害人虚假购买指定商户的产品或指定商城的虚拟点卡，开始会向受害人返还小利，一旦取得受害人信任，就会要求受害人继续刷大单，从而实施诈骗。

此外，如果收到以校方"返还学费、奖学金、助学金等"为由，让学生提供账号、密码的电话短信，即使上面挂着学校的名字，也不要轻信。对自己的隐私要严格保密，遇到此类事情需认真核实求证；有陌生人员在车站、学校门口冒充新生接待人

员,"热情"帮忙看管行李等物品,要小心对方借机偷走行李,尤其是要将贵重物品放在箱包内自己保管;不要轻信推销,买东西到正规超市;入学后应先适应学校生活,不要急于外出游玩;要谨慎对待各种中介和工作介绍中心,不要盲目寻找兼职,以免一时疏忽上当受骗。

要想避免被虚假信息影响,需要从以下几个方面入手:

注重信息的来源渠道。随着互联网实名制的逐步推进,能够有效地遏制一些虚假信息的发布,因为发布虚假信息是要承担后果的,严重的会触犯相关的法律法规,这是对发布虚假信息者一个有效的威慑。对于普通网民来说,在看到一些信息之后,一定要看一下发布者是否具有一定的权威性,是否完成了实名认证,这是比较重要的。

多渠道验证。如果在互联网上看到的信息对自己比较重要,比如,涉及健康以及金融方面的信息,一定要多渠道验证,最好去官方渠道求证一下,以免受到影响。另外也可以咨询权威专家,听一听专业的意见和建议。

具备一定的分辨能力。很多虚假信息一看就明显违背了基本的科学常识,但是依然会有人相信,问题就出在分辨能力上。要想提升自己的分辨能力,一定要从正规的渠道学习一些基本常识。

随着大数据技术的不断发展,网络上的虚假信息一定会受到越来越多的限制,但这一定是一个漫长的过程,也需要广大的网民共同参与到虚假信息的治理上,让发布虚假信息的人不能发、不敢发。